FACULTÉ DE DROIT DE PARIS.

THÈSE

POUR

LE DOCTORAT

PAR

Paul BERNUSSET

AVOCAT A LA COUR IMPÉRIALE

PARIS

IMPRIMERIE DE E. DONNAUD

9, RUE CASSETTE, 9

—

1867

THÈSE

POUR

LE DOCTORAT

L'ACTE PUBLIC SUR LES MATIÈRES CI-APRÈS SERA SOUTENU,

Le mercredi 24 juillet 1867, à 2 heures,

EN PRÉSENCE DE M. L'INSPECTEUR GÉNÉRAL GIRAUD,

PAR

Paul BERNUSSET,

avocat à la Cour impériale.

DE LA LÉSION

PRÉSIDENT : **M. A. DUVERGER**, professeur.

SUFFRAGANTS
{ MM. PELLAT,
COLMET D'AAGE,
DEMANTE, } professeurs.

LÉVEILLÉ, agrégé.

Le candidat répondra en outre aux questions qui lui seront faites sur les autres matières de l'enseignement.

PARIS

IMPRIMERIE DE E. DONNAUD

RUE CASSETTE, 9.

1867

À LA MÉMOIRE

DE MON PÈRE ET DE MA MÈRE

INTRODUCTION

Alterum non lædere.
Ulpien, lib. 1, *Regul.*

Nous nous proposons de rechercher dans cette étude comment, avec les progrès de la civilisation, la rescision pour cause de lésion pénétra dans la législation de l'ancienne Rome; quelle place elle y occupa, quelle place elle occupe encore aujourd'hui dans notre droit. Mais avant de descendre dans le détail des deux législations, essayons de jeter un rapide coup d'œil sur le principe même dont nous allons suivre le développement à travers les siècles.

La lésion est une atteinte portée à nos droits. Comme tout préjudice elle suppose la coexistence de deux personnes, l'une sujet passif, l'autre sujet actif, retirant un profit, une satisfaction quelconque de ce dont la première est privée. Le dépouillement d'une chose par un fait non humain et dont personne ne profite immédiatement n'est pas un préjudice mais une perte. On n'est lésé que par l'atteinte morale portée à l'égalité des droits.

La lésion a pour cause dans la personne de celui qui s'est soumis à l'obligation, tantôt l'inexpérience et la témérité naturelle au jeune âge, l'imprudence et la trop grande confiance en la véracité d'autrui, tantôt la pression de circonstances impérieuses, un désir ou une nécessité également aveugle et tyrannique. Dans la personne de celui qui profite de l'obligation, c'est l'égoïsme qui consiste à savoir profiter le plus possible de tout, en rendant le moins possible; l'égoïsme ne connaissant pas la pitié, l'humanité, cherchant toujours à bénéficier de la faiblesse des autres hommes et des fautes que leurs passions leur font commettre. Est-ce ainsi que Dieu a fait le cœur de l'homme? La loi morale et la loi religieuse ne lui font-elles pas au contraire un devoir de faire le bien et de secourir celui qui est exposé à léser gravement ses intérêts par un acte onéreux? Allons plus loin; le droit naturel peut-il reconnaître quelque valeur à un contrat arraché à la faiblesse d'autrui? Peut-il ne tenir aucun compte de la lésion, et rejeter ce principe dont Ulpien faisait un des trois préceptes résumant la science du droit : *Alterum non lædere?*

Les auteurs qui se sont occupés du droit naturel sont loin d'être d'accord sur la solution de cette question. D'après Grotius, le droit naturel ne fonde aucune voie sur la lésion et ne produit qu'une obligation de conscience (1). D'autres, et en plus grand nombre, proclament justement la rescision pour lésion un droit naturel (2). Et, en effet, la force que le droit naturel reconnaît au contrat est la conséquence de la réunion complète d'un certain nombre de conditions essentielles; or la lésion établit la preuve que la liberté, la

(1) *De Jure belli et pacis*, liv. II, chap. XII, § 26.

(2) Pufendorf, *Dr. de la nature et des gens*, liv. V, ch. III, § 9; Wolf, *Jus naturæ*, t. V, § 152; Burlamaqui, *Principes du dr. de la nat. et des gens*, IVᵉ part., ch. XII, §§ 14 et 15; Bentham, *Principe du Code civil*, etc.

première de ces conditions, n'existe pas ou n'existe qu'imparfaitement ; le droit naturel doit donc dans ce cas, pour rester logique, ne considérer le contrat que comme apparent.

L'action en rescision n'est pas fondée sur l'égalité qui doit présider aux transactions. En général, dans les contrats, la valeur reçue est l'équivalent de la valeur abandonnée. Chacune des parties compare et discute le service qu'elle rend et celui qu'elle reçoit. Dans la plénitude de sa liberté, l'homme ne se décide à s'obliger que parce que, pour lui, à ses yeux, l'obligation dont il se charge représente l'équivalent du service qu'il demande : « Une foule de circonstances peuvent augmenter l'importance relative d'un service. Nous le trouvons plus ou moins grand, selon qu'il nous est plus ou moins utile, que plus ou moins de personnes sont disposées à nous le rendre ; qu'il exige d'elles plus ou moins de travail, de peine, d'habileté, de temps, d'études préalables ; qu'il nous en épargne plus ou moins à nous-mêmes(1). » Quand un homme, sous l'empire de la faim, cède un diamant pour un morceau de pain, c'est que, dans les circonstances présentes, ce morceau de pain soutien de son existence doit lui rendre un plus grand service que son diamant, qu'il a pour lui plus de valeur. Dans cet échange il est impossible de voir une lésion.

Mais alors où donc trouver le principe de l'action en rescision ? Ce principe, il faut le chercher dans un défaut de liberté. C'est parce que le consentement a été vicié, parce que la volonté, sous la pression des circonstances, a été dirigée par un discernement obscurci et

____

(1) Bastiat, *Harm. écon.*, ch. V.

égaré, parce qu'elle n'a pas été libre, que le contrat doit être rescindé. Sans liberté il n'y a pas de convention, puisqu'il n'y a pas de consentement.

Ce vice dans la liberté de l'obligé est prouvé par l'obligation elle-même. Les services sont appréciés d'une valeur à peu près égale par tout homme placé dans une situation normale. Cette opinion commune constitue le prix courant des choses. Si dans un contrat l'une des parties s'écarte trop de ce prix, on a juste sujet de croire que son consentement n'a pas été parfaitement libre, qu'il a été vicié par un défaut d'expérience et de réflexion, par la pression de circonstances impérieuses et tyranniques. Le contrat ainsi vicié dans son principe doit être rescindé, l'équité et la raison le demandent.

C'est ainsi que le législateur est venu au secours du mineur qui a été lésé dans une obligation ; c'est ainsi encore que le vendeur peut demander la rescision de la vente faite à vil prix. La loi présume qu'on ne souffre pas volontairement un préjudice. Chez le mineur elle voit une intelligence incapable d'apprécier la portée de l'obligation ; dans le second cas, elle croit à une nécessité pressante qui a empêché une détermination libre.

Si on fait reposer le principe de l'action en rescision dans l'absence d'un consentement libre, on peut s'expliquer pourquoi l'action en rescision est refusée à l'acheteur. Sans doute, il pourra payer une chose plus qu'elle ne vaut pour la généralité des hommes, mais il n'en donnera presque toujours que la valeur qu'elle peut avoir pour lui, dans les circonstances où il se trouve. Celui-ci payera trois mille drachmes la lampe de terre d'Epictète; cet autre achètera deux camellias au prix de 11,000 fr. (1). «Qui modus in his rebus cupiditatis, idem est æstimationis (2). » On peut être forcé de vendre, on n'est jamais forcé d'acheter, et presque toujours l'acheteur aura pu librement peser les avantages et les inconvénients du contrat. La loi a donc cru inutile de le protéger.

L'action en rescision a des inconvénients incontestables. C'est une menace qui plane sur la propriété et peut atteindre jusqu'aux tiers, les frustrer dans leurs espérances les plus légitimes. L'intérêt public, qui demande souvent le sacrifice de l'intérêt particulier au bien général, devait faire renfermer cette action dans de justes limites. Mais ici peut-être le Code a été bien sévère. Il est permis de trouver qu'il se montre trop exigeant sur la quotité de la lésion, qu'il marchande trop sa protection à la personne qui a souffert d'un contrat lésionnaire; on peut justement s'étonner qu'après avoir posé le principe, il se soit montré si timide dans son application.

Mais puisque l'action en rescision est fondée sur le droit naturel, lorsqu'une loi positive en aura limité l'admissibilité par certaines conditions, celui qui retirera du contrat un avantage lésif n'en sera pas moins tenu à restitution par une obligation naturelle. C'est ce que décident à peu près tous les auteurs. C'est ainsi que dépassant les moyens d'action de la loi positive, les lois imprescriptibles de la nature et de la religion protégent encore celui qui souffre injustice quand le pouvoir so-

(1) Granville, *Fleurs animées*, p. 32.
(2) Cicéron, *in Verrem*, IV, 7.

cial l'abandonne; et bien qu'aujourd'hui les peuples aient à peu près supprimé toutes ces formes imposantes de l'intervention religieuse dans les rapports de droit privé, l'action de la conscience ne laisse pas que d'avoir une heureuse efficacité. Elle est la voix intérieure qui répète sans cesse à l'homme qu'il n'est pas seul au monde, qu'il a à ses côtés des frères à aimer, à secourir, et qu'avant tout son devoir se résume dans ce mot : « *Alterum non lædere.* »

DROIT ROMAIN.

Rome attendit pendant plusieurs siècles cette législation écrite qui devait mettre un terme au pouvoir arbitraire des patriciens et à l'incertitude de la condition politique et civile des plébéiens. Le sénat finit par céder aux instances des tribuns du peuple, et l'an 301, les comices se réunirent pour nommer les décemvirs. Ces magistrats empruntèrent aux coutumes de l'Italie les lois des XII tables qui furent la base et le fondement de la législation romaine. Mais où trouver la rescision pour simple lésion dans une loi qui validait les ventes les plus impudemment dolosives (1), et n'imposait pas l'obligation de garantie au vendeur (2)?

La loi proclamait qu'il n'y avait pas de contrat sans consentement : « nullum esse contractum, nullam esse obligationem quæ non habet in se conventionem (3). » Mais si le consentement était essentiel à la formation du contrat, il ne suffisait pas à lui seul pour produire des obligations civiles : « nuda pactio obligationem non

---

(1) Cic., *De off.*, III, 14, l'anecdote du chevalier Canius.
(2) Cic., *De off.*, III, 16.
(3) L. 1, § 3, D. *De pactis*, II, 14.

parit (1). » Il fallait qu'à cet accord de volonté vînt se joindre un autre élément : la *causa civilis obligationis.* Dès que la *causa civilis* existait, que la demande avait été suivie d'une réponse concordante, qu'il y avait eu tradition ou exécution, inscription sur les registres, le consentement était présumé et la convention devenait un contrat obligatoire. On ne concevait pas que derrière ces formes il pût y avoir autre chose que la volonté des parties. La *causa civilis* ne laissait aucune place aux vices du consentement : « Si metu coactus, aut dolo inductus, aut errore lapsus, stipulanti Titio promisisti, palam est jure civili te obligatum esse (2). »

Ainsi la lésion était alors inconnue comme phénomène juridique ; elle était même incompatible avec le système général du droit civil, et c'est surtout à cette époque, et dans le sens le plus large, que Pomponius aurait pu dire : « Naturaliter licere contrahentibus se circumvenire (3). »

Cependant, sous l'influence d'une civilisation plus avancée, les principes de l'équité ne tardèrent pas à l'emporter sur cette rigueur du vieux droit. On s'aperçut de la flagrante injustice attachée à de tels résultats, et tout en professant le culte le plus respectueux pour les lois on chercha à corriger ces excès. Le préteur, en vertu de sa *jurisdictio*, et sous l'empire du laconisme de la législation quiritaire, fut forcément conduit à publier des règlements qui prirent place à côté de la loi, comme la partie vivante du droit civil, *viva vox juris civilis* (4),

(1) L. 7, § 4, D. *De pactis*, II, 14.
(2) § 4, Inst., *De except.*, IV, 13.
(3) L. 16, § 4, D., *De minor.*, IV, 4.
(4) L. 8, D., *De just. et jure*, I, 1.

pour l'aider, le suppléer, le corriger, *adjuvandi, vel supplendi, vel corrigendi juris civilis gratia* (1). Ce droit prétorien, œuvre de la science et du progrès, ne s'inspira pas de la rigueur sévère du droit civil, il sut se plier aux besoins des temps, l'équité eut dès lors sa place dans la législation romaine, et la lésion commença à produire quelques conséquences juridiques.

Le droit Romain accordait au *paterfamilias* pubère la pleine capacité civile. Sorti brusquement de tutelle il devenait capable des actes civils, quel que fût le dol commis envers son inexpérience, quelle que fût la lésion qui en résultât. Il était ainsi à quatorze ans jeté sans protection au milieu des affaires et abandonné à lui-même. On ne tarda pas à comprendre les inconvénients de cet exercice prématuré des droits civils, surtout à une époque où l'ancienne simplicité des mœurs disparaissait sous l'influence de l'accroissement de la richesse individuelle et de l'envahissement du luxe.

Un plébiscite désigné sous le nom de loi Lætoria ou Plætoria (2), et qui était déjà en vigueur sous Plaute au VIe siècle, chercha à obvier aux inconvénients d'une telle situation. D'après le témoignage de Cicéron, cette loi établissait une accusation criminelle, *judicium publicum rei privatæ*, contre ceux qui abuseraient de l'inexpérience des mineurs de vingt-cinq ans (3). L'individu ainsi condamné était incapable de faire partie de l'ordre municipal d'une ville (4). De plus, le contrat était

(1) L. 7, § 1, D., *De just. et jure*, I, 1.
(2) Haubold place la date cette loi vers l'an 583 de Rome.
(3) Cic., *De nat. Deor.*, III, 30; *De off.* III, 15.
(4) Table d'Héraclée, 2e frag.

annulé dans l'intérêt du mineur. La conséquence naturelle de cette loi fut d'enlever tout crédit à ceux qu'elle
voulait protéger :

> Lex me perdit quina vicenaria,
> Metuunt credere omnes (1).

Mais les mineurs de vingt-cinq ans purent demander
pour chaque affaire un curateur spécial dont l'assistance
ou le consentement fût une garantie pour les personnes
qui voudraient traiter de bonne foi avec eux.

Plus tard Marc-Aurèle, d'après son historien J. Capitolinus, permit de donner aux personnes qui n'avaient
pas accompli leur vingt-cinquième année un curateur
général : «De curatoribus vero, cum ante non nisi ex lege
Lætoria vel propter lasciviam, vel propter dementiam
darentur, ita statuit, ut omnes adulti curatores accipe-
rent, non redditis causis (2). »

Cependant, les garanties de la loi Plætoria ne paraissant pas suffisamment efficaces, les préteurs prirent
bientôt l'habitude de venir au secours des mineurs de
vingt-cinq ans, et introduisirent dans leurs édits l'*in
integrum restitutio*. Le préteur, *cognita causa*, rétablit
la situation antérieure, en rescindant, pour simple lésion,
indépendamment de la fraude, tout engagement, toute
opération d'où resulterait pour le mineur un préjudice
quelconque. Il déclara non avenu un acte valable. Ce
secours fut certainement de toutes les créations du droit
droit honoraire la plus radicale et la plus hardie.
Ici le préteur heurta de front le droit civil. D'abord
admises au gré de ce magistrat, et d'après les cir-

(1) Plaute, *Pseudolus*, acte I, scène 3, vers 68.
(2) J. Capitolinus, *In vita Marci Antonini*, ch. X.

constances de chaque cas particulier, les restitutions devinrent en se modifiant de véritables moyens de droit. La jurisprudence et les travaux des jurisconsultes eurent bientôt élaboré une théorie de cette institution, de sorte que la restitution eut ses conditions précises et ses applications déterminées. Parmi ces applications celles qui rentrent dans notre sujet sont assurément les plus importantes. Nous laisserons donc de côté ce qui est spécial aux restitutions pour cause de violence, de dol, d'absence, d'erreur, pour ne nous occuper que de la restitution accordée aux mineurs de vingt-cinq ans, ou pour seule cause de lésion. Sans doute, dans d'autres cas, la lésion peut être également une condition à la restitution, mais elle n'y est qu'une condition accessoire à d'autres, tandis que la restitution accordée aux mineurs n'est fondé que sur la lésion seule. Le préteur en effet ne les restituait pas comme mineurs, car le droit civil les déclarait capables, mais comme lésés : « minor non restituitur tanquam minor, sed tanquam læsus. » « Qu'une restitution, dit de Savigny, soit demandée pour cause de violence ou pour cause de minorité, le fait de la violence doit sans doute être prouvé, comme le fait de la minorité ; mais, le fait de la violence une fois constaté, le vice de l'acte juridique est par là même établi, tandis que le fait de la minorité ne prouve nullement que l'acte doive être annulé comme l'œuvre de la légèreté et de l'irréflexion (1). »

(1) De Savigny, *Dr. Rom.*, § 323.

PREMIÈRE PARTIE.

DE LA LÉSION A L'ÉGARD DE CERTAINES PERSONNES.

CHAPITRE PREMIER.

DES PERSONNES QUI PEUVENT DEMANDER LA RESTITUTION.

L'édit du préteur est ainsi conçu : *quod cum minore quam* XXV *annis natu gestum esse dicetur, uti quæque res erit, animadvertam* (1).

Ainsi la restitution vient au secours de ceux qui, n'ayant pas atteint la pleine maturité du jugement, se laisseraient entraîner, par légèreté ou inexpérience, à des actes contraires à leur intérêt et compromettants pour leur fortune. Cette protection dure jusqu'à ce que le jeune homme ait accompli sa vingt-cinquième année. A cet âge, l'intelligence est présumée avoir acquis son complet développement, et dès lors toute protection doit cesser avec les motifs qui l'avaient fait admettre. Il est donc important de déterminer, avec exactitude, le moment précis où l'homme arrive à cet âge appelé

(1) L. 1, § 1, D., *De minor.*, IV, 4.

œtas legitima, perfecta œtas, pour savoir quels sont les actes que nous devrons respecter, quels sont au contraire ceux dont nous pourrons prononcer la rescision.

Dans les autres parties du droit, on ne considère pas comme mineur celui qui est entré dans le dernier jour de la dernière année, bien que le jour ne soit pas terminé. Car l'année civile se compte par jour et non par heure. Paul et Ulpien le déclarent formellement (1); et, à propos de la loi *Ælia Sentia* qui défendait au mineur de vingt ans d'affranchir son esclave *nisi vindicta,* ce dernier jurisconsulte dit : « Jam autem minor non est qui diem supremum agit anni vicesimi (2). » Mais en est-il de même pour la restitution ? Considérerons-nous le jour ou bien nous attacherons-nous à l'heure de la naissance ? Accorderons-nous le bénéfice de l'édit à celui qui est dans le dernier jour de sa vingt-cinquième année ? « Et ita erit dicendum, ut a momento ad momentum tempus spectetur (3). » Cette différence peut paraître étrange, et il faut en rechercher la raison dans les termes mêmes de l'édit et dans l'esprit qui a présidé à sa rédaction. L'édit parle de mineurs xxv *annis natu*; or, le mot *natus,* si on veut le prendre dans son sens rigoureux, signifie le moment et non le jour de la naissance. D'ailleurs quel a été le but du préteur quand il a promis au mineur de vingt-cinq ans ce secours extraordinaire ? qu'a-t-il voulu ? que s'est-il proposé ? Il a cherché à protéger cet âge contre les dangers sans nombre auxquels il est exposé, à le garantir contre les

(1) L. 131, D., *De verb. sig.,* 16; L. 5, D., *Qui test. fac. pos.,* XXVIII, 1.

(2) L. 1, D., *De manum.,* XL, 1.

(3) L. 3, § 3, D., *De minor.,* IV, 4.

suites fâcheuses de la faiblesse et de l'inexpérience. Et
ces dangers, cette faiblesse, cette inexpérience ne sont-
ils pas à la fin du jour aussi redoutables qu'ils l'ont été
au commencement de la journée ? Ne sont-ils pas aujour-
d'hui ce qu'ils étaient hier ? On entrera d'autant mieux
dans les vues de l'édit, qu'on en donnera une interprétation plus favorable et plus conforme à cette équité
naturelle qui a dirigé le préteur dans sa rédaction.

Caton pense que l'enfant né dans un mois intercalaire doit être considéré comme né dans le dernier jour
de février (1). Plus tard, sous le calendrier julien, le
mois intercalaire a disparu, l'année est de 365 jours;
seulement, tous les quatre ans, on ajoute un jour à
l'année. Ce jour prend la place du mois intercalaire,
entre les *Terminalia* vii et le *Regifugium* vi des calendes
de mars (2). Ainsi dans les années bissextiles le vi *Kal.*

(1) L. 98, § 1, D., *De v. s.*, I, 16.

(2) Chez les Romains le mois de février avait vingt-huit jours. Le
23 s'appelait *Terminalia*, le 24 *Regifugium*. Cet état normal changeait
tous les deux ans; le mois de février était alors réduit à 23 jours, entre
les *Terminalia* et le *Regifugium*, on insérait un *mensis intercalaris* de
vingt-deux ou vingt-trois jours, auquel on ajoutait les cinq jours re-
tranchés de février, à partir du *Regifugium*. Ce mois avait ainsi, tantôt
vingt-sept, tantôt vingt-huit jours. Dans sa réforme du calendrier,
César substitua à ce mois un jour intercalaire qui se présentait tous les
quatre ans. Ce jour ne recevait aucun numéro d'ordre et ne dérangeait
en rien la computation ordinaire des jours de février, bien qu'en fait
ce mois fût ainsi porté à vingt-neuf jours: (Suet., *Julius*, c. 40; Macrob. *Saturn*. 2, c. 13; Censorinus, *De die natali*, c. 20; Solinus, 3.)

Voici le tableau des calendes de février dans les années ou se présentait le jour intercalaire :

VII Ant. K. Mart.		(Terminalia)	23 fév.
VI	—	—	Posterior (intercalaris) . . .	24
VI	—	—	Prior (Regifugium)	25
V	—	—	. . . .	26
IV	—	—	. . . .	27
III	—	—	. . . .	28
II Pridie Kal.		. . . .	29

Martii se dédouble, mais on ne tient pas compte de ce
dédoublement, et les deux jours ne comptent que pour
un (1). Nous dirons donc que si le jour de la naissance
est bissextil, l'enfant sera considéré comme né le lendemain du jour intercalaire, « cum bissextum calendis
est priorem diem natalem habet (2) ; » et que celui qui
naîtra le vi *K. Martii* d'une année ordinaire sera majeur
le jour que suivra le bissexte. « Si quis bissexto die
natus fuerit, sive priore sive posteriore, major tamen
non censetur, nisi lapso die utroque ; cum id biduum
pro uno die habeatur, die posteriore intercalato. Eodem
observando, et si in diem bissextum majorennitas incl-

Le sixième jour des calendes est ainsi répété, d'où *bis sextus dies*.
Comme dans les questions qui nous occupent nous ne tenons aucun
compte du jour intercalaire, il importe de le déterminer avec précision.
Le jour intercalaire est assurément celui qu'on appelle *Posterior* : « et
Posterior dies K. intercalatur, » L. 3, § 3, D., IV, 4; « sed *Posterior*
dies intercalatur non *Prior*, » D. 98, § 1, D., L. 17. Mais la difficulté
n'est qu'éloignée, elle se reporte tout entière sur la question de savoir
quel est le jour qu'on appelle *Prior*, quel est le jour qu'on appelle *Posterior*. Déterminera-t-on le *Posterior dies* d'après la succession naturelle
du temps, ou d'après l'usage particulier des Romain ? Nous admettons
sans hésiter ce dernier système. Rien ne prouve, en effet, que les
Romains aient ici abandonné leur manière de compter les jours.
D'ailleurs, d'après Ulpien, « *Posterior* dies intercalatur. » C'est donc le
jour le plus éloigné des calendes qui est intercalé. Macrobe et Censorinus disent formellement que la nouvelle intercalation a été substituée
à l'ancienne et se place entre les *Terminalia* et le *Regifugium* : « Statuit ut........ unum intercalarent diem, eo scilicet mense ac loco quo
etiam apud veteres intercalabatur, id est ante quinque ultimas februarii
mensis dies, idque bissextum censuit nominandum. » (Macrob. c. 14).
« ut....... ubi mensis quondam solebat, post *Terminalia* intercala-
retur, quod nunc bissextum vocatur. » (Cens. c. 20).

(1) L. 3, § 3, D., *De minor.*, IV, 4.
(2) L. 98, pr. *in fine*, D., *De v. s.*, 1. 16.

dat ut scilicet non nisi lapso utroque die major fiat (1). »

La restitution est accordée à tous les mineurs, sans distinction, à moins qu'ils n'y aient aucun intérêt, ou qu'il ne soit intervenu une des causes qui peuvent leur faire perdre le droit de la demander. Ainsi le mineur *filiusfamilias* peut obtenir la restitution comme le mineur *sui juris*. Il est en effet dans les conditions de l'édit; souvent même il aura moins d'expérience qu'un autre, car, sous la puissance de son père, il aura eu moins d'occasions de s'habituer aux affaires. Le *filius-familias* peut s'obliger : « filiusfamilias ex omnibus causis tanquam paterfamilias obligatur. » Tel est le principe, et le jurisconsulte en tire la conséquence qu'il peut être actionné comme le serait un *paterfamilias* : « et ob id agi cum eo tanquam cum patrefamilias potest (2) ». Si donc contractant une obligation il éprouve une lésion, il a grand intérêt à la restitution. Elle doit lui être accordée contre tous les actes qui lui causent un préjudice sans qu'elle puisse jamais profiter au père. Ainsi elle est inadmissible quand le mineur néglige d'acquérir ou répudie une chose qui, d'après les principes généraux du droit, aurait fait retour à son père. Le mineur, au contraire, sera restitué, sans difficulté, contre les faits relatifs à son *peculium castrense*, de même s'il a consenti la remise d'un droit qui devait lui revenir après la mort de son père, ou bien encore s'il a refusé un droit purement personnel, tel qu'un *legatum militiæ* (3). Dans tous ces cas, en effet, l'an-

(1) Voët, IV, 4, § 1.
(2) L. 39, D., *De obl. et act.*, XLIV, 7.
(3) L. 3, § 7, l. 10, D., *De minor.*, IV, 4.

tique législation qui déclarait le *filiusfamilias* incapable d'avoir des droits, avait été battue en brèche par des principes plus tolérants. Mais du moment où le profit de la restitution n'est plus pour le fils mais pour le père, on ne doit pas la prononcer. C'est par application de ces principes, que, si le fils s'est obligé, il peut se faire restituer, et que le père ne peut invoquer le bénéfice du fils, bien qu'il soit tenu de l'*actio quod jussu* s'il a chargé le fils de recevoir la somme empruntée, de l'*actio de peculio* s'il existe un pécule, de l'*actio de in rem verso* s'il a retiré un profit de l'acte du fils. Et qu'on ne dise pas que le père n'étant que débiteur accessoire doit être libéré dès que l'obligation du fils cesse d'exister, car ceci n'est vrai que quand l'obligation elle-même disparaît. Ici, l'obligation subsiste; seulement, grâce au bénéfice introduit par le préteur, le débiteur principal ne peut pas être contraint au payement. Si le père est actionné il n'obtiendra pas la restitution; si au contraire le fils est poursuivi, le fils sera restitué, pourvu que son intérêt l'exige (1).

Il est donc hors de doute que les mineurs peuvent obtenir la restitution contre leurs actes juridiques, quand ils sont soumis à la puissance paternelle, lors même que ces actes auraient été faits avec le consentement ou par l'ordre du père. Cependant la plupart des auteurs admettent une exception à cette règle, et refusent la restitution au mineur qui a contracté un emprunt du consentement de son père. Cette opinion s'appuie sur un rescrit de Gordien qui permet la restitution contre un emprunt à ces conditions : s'il n'a pas

______

(1) L. 3, § 4, D., *De minor.*, IV, 4.

été fait par ordre du père, ou en violation du sénatus-consulte Macédonien (1). Elle invoque aussi l'autorité d'Ulpien qui, dans son commentaire sur l'édit, s'exprime ainsi : « Si filius igitur conveniatur, postulet auxilium; si patrem conveniat creditor, auxilium cessat, excepta mutui datione; in hanc enim si jussu patris mutuam pecuniam accepit, non adjuvatur (2). » Ces textes sont clairs, ils n'admettent pas la possibilité d'une restitution. Comment donc? Ulpien, dans le même fragment, n'accorde-t-il pas lui-même au *filiusfamilias* le droit de se faire restituer contre les obligations qu'il a contractées *jussu patris?* Sans doute, et si la restitution est ici refusée, c'est qu'elle est inutile. Le *filiusfamilias* a dans ce cas l'exception du sénatus-consulte Macédonien qui le protége suffisamment.

Dans un autre texte emprunté au même commentaire, Ulpien semble condamner cette doctrine (3). Ne dit-il pas en effet que dans notre hypothèse le sénatus-consulte ne s'applique pas? Cette objection n'arrête pas les défenseurs de cette doctrine. Le père, disent-ils, ne pourra pas invoquer le sénatus-consulte, car, d'après l'auteur de la loi lui-même, « patris voluntate contractum videtur ». Mais de ce que le père ne peut pas l'invoquer, s'ensuit-il que le fils ne puisse pas en user en son propre nom (4)?

Malgré ces arguments, malgré les puissantes autorités qui la soutiennent, cette doctrine nous paraît contraire

(1) L. 2, C., *De filiof. min.*, II, 23.
(2) L. 3, § 4, D., *De minor.*, IV, 4.
(3) L. 7, § 11, *Du S. C. Mac.*, D., XIV, 6.
(4) Doneau, t. V., lib. XXI, ch. VII, §§ 6 et 7 ; Burchardi, p. 239-248, etc.

aux principes généraux de la restitution, et nous croyons quant à nous que le *filiusfamilias* pourra invoquer le bénéfice de la restitution, même dans le cas d'un emprunt contracté *jussu patris*. Peut-on en effet argumenter de la dignité de la puissance paternelle, de la crainte de la compromettre en déclarant préjudiciable un acte ordonné par le père? Ulpien nous montre assez qu'il n'admet pas cet ordre d'idées, puisque, dans le même paragraphe, il accorde au fils la restitution contre l'obligation consentie *jussu patris*. Peut-on prétendre avec Mudæus que l'obligation accessoire du père est une suffisante garantie pour le fils, qu'elle ne peut pas laisser croire à une lésion, parce qu'il est impossible que le père ait consenti à se charger d'une obligation qui n'aurait pas été avantageuse? Peut-on avec Puchta (1) refuser la restitution sous prétexte qu'il n'y a pas dans ce cas un dommage résultant d'une imprévoyance? Sans doute ces raisons peuvent être admissibles dans la plupart des cas, et, lorsque l'acte ne causera aucun préjudice, ou lorsque le préjudice qu'il causera ne sera pas attribué au défaut de réflexion, on pourra refuser la restitution en se fondant sur l'absence d'une de ses conditions essentielles. Mais les choses sont-elles toujours ainsi? Le père ne peut-il pas être aussi irréfléchi que le fils? Ne peut-il pas être trompé par celui-ci? Ne peut-il pas aussi dans des vues égoïstes ordonner un acte préjudiciable? Il est donc impossible de comprendre cet effet absolu et exceptionnel de l'ordre du père en matière de prêt d'argent. Mais, dit-on, si les principes semblent condamner cette doctrine, les textes ne sont-ils pas formels? Laissent-ils place au doute?

(1) *Vorlesungen*, p. 213.

L'exception qu'on veut faire admettre, on la tire de la loi 3, § 4, de notre titre. Cette loi est ainsi conçue, dans la partie qui fait l'objet du débat : « *Si igitur filius conveniatur, postulet auxilium ; si patrem conveniat creditor, auxilium cessat, excepta mutui datione ; in hanc enim si jussu patris mutuam pecuniam accepit, non adjuvatur.* » L'exception paraît exprimée dans ce texte par les mots *non adjuvatur.* Mais, comme dans la proposition précédente on trouve *auxilium cessat,* synonyme de *non adjuvatur,* l'exception ne semble pas s'y rapporter. D'un autre côté, la proposition plus éloignée relative au fils, *si conveniatur, postulet auxilium,* contraste bien avec les mots *non adjuvatur.* On se croit donc autorisé à reporter l'exception à la règle *postulet auxilium.*

Cette interprétation un peu forcé nous semble faire violence au texte ; et, il faut bien l'avouer que, si elle est vraie, le jurisconsulte ne pouvait pas enfermer sa pensée dans une phrase plus obscure, dans une construction plus vicieuse et plus embarrasée. Nous préférons chercher dans ce texte une autre interprétation moins contraire aux principes de la restitution.

Ulpien nous annonce une exception pour le prêt d'une somme d'argent. Cette exception ne peut être fondée que sur le sénatus-consulte Macédonien opposable par le père comme par le fils à toute action résultant d'un emprunt fait par un *filiusfamilias.* Elle doit donc nécessairement s'exprimer par une affirmation et non par une négation. Pour cela, il suffit de déplacer la négation *non* et lire... *si filius non jussu patris mutuam pecuniam accepit, adjuvatur.* Le père (car *pater* est le sujet) pourra repousser l'action si le fils n'a pas emprunté sur son ordre. Si cette correction, cependant moins hardie que bien d'autres, était rejetée, on arriverait au même sens en sous-entendant dans la phrase le mot *seulement*. Nous traduirions alors : Le père ne pourra se défendre contre les poursuites du créancier excepté en matière de prêt d'argent, car l'exception du sénatus-consulte est *seulement* refusée au père quand l'emprunt a été fait par son ordre. Hors ce cas, il a l'exception résultant des mots *excepta mutui datione* qui dérogent à la règle *auxilium cessat*. Tout ceci revient à dire que quand il s'agit d'un emprunt fait par le fils, le père a contre l'*actio de peculio* l'exception du sénatus-consulte ; qu'il ne l'a pas contre l'*actio quod jussu*. Dans aucun cas, il ne peut invoquer la restitution.

C'est en vain qu'on objectera que le fils actionné par suite d'un prêt d'argent a l'exception du senatus-consulte et que comme celle-ci vaut *ipso jure*, la restitution est inutile et dès lors inadmissible. Et en effet il peut se faire qu'il ne puisse pas invoquer l'exception, et que la restitution soit utile et même indispensable. Ainsi le créancier a pu ignorer l'existence de la puissance paternelle (1), il peut tout au moins alléguer cette circonstance, soulever un procès, et l'éventualité d'un procès est de nature à motiver en demande une restitution (2).

Quant au rescrit de Gordien, il est impuissant à soutenir le système adverse. L'empereur décide que le mineur a droit à la restitution contre un prêt d'argent sous les deux conditions suivantes : 1° si l'emprunt n'a

______

(1) L. 3, pr., L. 19, *De S. C. Mac.*, D., XIV, 6.
(2) L. 6, *De min.*, D., IV, 4.

pas été fait par ordre du père, 2° si l'emprunt ne tombe pas sous la prohibition du sénatus-consulte. Cette seconde condition confirme notre opinion. Il est évident que si de l'aveu de toutes les parties le sénatus-consulte peut s'appliquer, il n'y a pas lieu à restitution ; mais s'il est inapplicable, si le créancier a ignoré la qualité de *filiusfamilias* de l'emprunteur, ou s'il allègue cette ignorance, la restitution devient possible. Pour soutenir le contraire, on tire un argument *a contrario* de la première condition du rescrit. Mais ce mode d'interprétation, d'une application toujours délicate, devient dangereux quand il s'agit des rescrits. Car la condition qui y est exprimée n'est souvent que la reproduction des faits exposés dans la requête adressée à l'empereur. Il y a là un doute qu'il est impossible de dissiper (1). Le rescrit peut donc très-bien s'entendre ainsi : s'il est vrai, comme vous l'avancez, que le père n'ait pas ordonné l'emprunt, et que la violation du sénatus-consulte ne rende pas la restitution inutile, la restitution doit être accordée. Cette circonstance que le père n'a pas ordonné l'emprunt ne fait que rendre plus facile la restitution ; car l'ordre du père pourrait faire présumer l'absence de la lésion.

Observons en finissant que les rescrits ont pour objet de donner des instructions sur la nature concrète des affaires et non d'établir des règles de droit (2).

Dans la phrase qui suit immédiatement celle qui fait l'objet de ce débat, Ulpien s'occupe du fils : « Proinde et si, dit-il, sine jussu patris contraxit et captus est, si

(1) Mulhenbruch, *Archiv. f. civil. praxis*, II, p. 427. — De Savigny, *Dr. Rom.*, t. I, § 44.
(2) De Savigny, *App.*, 18.

quidem pater de peculio conveniatur, filius non erit restituendus : si filius conveniatur, poterit restitui. »

Le jurisconsulte nous donne ainsi une preuve de plus que la phrase précédente ne doit s'entendre que du père. Cette partie du texte semble présenter encore une difficulté. Comment se fait-il que si le père n'a pu ou n'a pas voulu user de l'exception, le fils ne puisse plus se faire restituer ? C'est que le fils n'a pas été mis en cause. Cependant c'est lui qui en définitive supportera la perte, car le père payera avec le pécule. A cette difficulté, Ulpien répond que l'intérêt du fils est ici simplement un fait et non un droit, que le père a la propriété du pécule et peut en disposer comme il l'entend : « Nec eo movemur quasi intersit filii peculium habere ; magis enim patris quam filii interest... (1). »

Une grande analogie existe entre le fils de famille et l'esclave. Toutefois le fils de famille, quoique soumis à la puissance de son père, est libre et citoyen, par conséquent il a en lui la capacité de droit, comme tout autre citoyen, pour tout ce que la puissance paternelle ne saurait atteindre. L'esclave au contraire n'est pas considéré comme un être capable d'avoir ou de devoir des droits. Sa personnalité est absorbée dans celle de son maître et il reste étranger à tous les actes non délictueux par lui faits pendant son esclavage : « Servus autem ex contractibus non obligatur (2). » — « In personam servilem nulla cadit obligatio (3). » Le défaut d'intérêt rend donc pour lui la restitution inutile : « Servus autem minor xxv annis nullo modo restitui pote-

(1) L. 3, § 4, *De minor.*, D., IV, 4.
(2) L. 43, *De obl. et act.*, D., XLIV, 7.
(3) L. 22, pr., *De R. J.*, D., 17.

rit (1). « En effet, l'édit n'accorde la restitution qu'autant que le mineur a éprouvé une lésion, qu'il a perdu quelque chose. L'esclave n'a rien et ne peut rien avoir, il est donc impossible qu'il éprouve une perte. Cependant la restitution lui est accordée toutes les fois que l'équité l'exige. Ainsi il peut la demander lorsque, pendant sa minorité, il a fait un acte nuisant à l'exécution d'un fidéicommis d'après lequel le maître devait lui donner la liberté.

Si par ses contrats l'esclave n'éprouve aucune lésion, il n'en est pas de même du maître. Le préteur donne en effet contre lui l'*actio de peculio*, car, bien qu'il ne soit pas tenu d'après le droit civil, il est juste qu'il soit condamné jusqu'à concurrence du pécule (2). Pourtant le maître ne sera pas restitué du chef de son esclave. Il a eu tort de confier un pécule à un esclave mineur (3), et le préteur ne s'est pas proposé de venir au secours des personnes majeures.

L'édit est donc conçu en termes généraux et le préteur promet la restitution à tous les mineurs, qu'ils soient libres ou esclaves, *sui juris* ou *filiifamilias*. Peu importe qu'ils aient été lésés dans l'administration de leur propre patrimoine ou dans la gestion de la chose d'autrui: *dum in alieno quoque quid amiserit*. Ainsi le mineur qui a géré spontanément le patrimoine d'autrui pourra obtenir la restitution bien que le maître majeur en profite: *ne majori damnum accidat*. En effet, on ne peut faire supporter au majeur qui ignore la gestion et à qui on ne peut imputer aucune faute, le dommage

(1) L. 3, § 11, *De min.*, D., IV, 4.
(2) Inst., § 10, *De act.*, IV, 6.
(3) L. 3, § 11, *De min.*, D., IV, 4.

résultant de cette gestion. Le mineur sera tenu de l'*actio negotiorum gestorum* qu'il ne pourra éviter qu'en cédant au maître le bénéfice de la restitution. Si le mineur a agi en vertu d'un mandat, il n'y a pas lieu à la restitution : « Cum eo modo majori consuleretur, cujus damno res sit cessura (1). » Cependant si le mineur subit quelque perte par suite de l'insolvabilité de son mandant, le préteur interviendra : « Sine dubio prætor interveniet. »

Il n'y a pas même à distinguer si le mineur *sui juris* est ou n'est pas pourvu de curateur. Toutefois il s'élève sur ce point une sérieuse controverse. La restitution est impossible contre un acte qui n'est pas valable en droit, car l'action en nullité est d'une protection bien plus efficace. Nous retrouvons donc ici, la question est là même, toutes les difficultés qui partagent les auteurs sur le point de savoir quelle influence exerce la nomination d'un curateur relativement à la capacité du mineur. Le jurisconsulte Modestin décide que les pubères même pourvus de curateurs peuvent s'obliger par stipulation : « Puberes sine curatoribus suis possunt ex stipulatu obligari (2). » Il est difficile de mettre d'accord cette décision avec un rescrit des empereurs Dioclétien et Maximien que nous trouvons au Code (3). Pour apprécier les effets d'une vente consentie par un mineur, les empereurs distinguent suivant que ce pubère a ou n'a pas de curateur : quand il en a un, l'acte qu'il fait seul est nul, comme l'acte que ferait un interdit ; quand il n'en a pas, l'acte qu'il fait seul est valable sauf la possi-

(1) L. 13, *De min.*, D., IV, 4.
(2) L. 101, *De verb. obl.*, D., XLV, 1.
(3) L. 3, *De in int. rest.*, C., II, 22.

bilité d'une restitution. On a essayé de faire disparaître
cette antinomie. Quelques interprètes peut-être un peu
hardis sont même allés, dans l'intérêt d'une conciliation,
jusqu'à corriger arbitrairement le texte de Modestin,
pour en changer le sens. Les uns avec Doneau (1) ajoutent une négation et lisent : *non possunt* ; les autres avec
Noodt (2) substituent *obligare* à *obligari*. Mais la plupart des auteurs, quoique très-divergents dans leurs
opinions, pensent qu'on peut mettre d'accord ces deux
textes sans les dénaturer. D'après une interprétation,
Modestin n'a voulu parler que des mineurs qui n'ont
point de curateur général. Le texte cependant paraît
s'appliquer aux mineurs *in curatione constituti*, car celui
qui n'a qu'un curateur particulier, c'est-à-dire donné
seulement pour certaines affaires, est sans curateur pour
toutes les autres, et le texte semble parler d'une manière générale et décider que toujours, dans tous les
cas, le mineur peut s'obliger par stipulation. Une seconde doctrine (3) distingue entre les contrats qui engagent la personne et ceux qui engagent le patrimoine.
Mais elle ne prend pas garde qu'engager sa personne,
c'est en réalité engager son patrimoine. Il est aussi difficile d'admettre avec certains auteurs que Modestin a
simplement voulu dire que, si le créancier a besoin
d'être assisté, la présence du curateur n'est pas nécessaire au moment du contrat (4). Il résulte de plusieurs
textes que le pubère mineur peut s'obliger valablement

(1) Doneau, *Com.*, lib., XII, c., XXII, § 50.
(2) Noodt, *De pact. et trans.*, c., XX.
(3) Gluck, t. IV, p. 75.
(4) Vinnius, *Ad Inst.*, t. 3, tit. 20, § 9. — Puchta, *Curs. der Inst.*,
t. II, § 202, n. *aa*.

sans aucune assistance (1). MM. de Savigny et de Vangerow (2), avec Cujas, reconnaissent au mineur la capacité de s'obliger mais non d'aliéner sans l'assistance dé son curateur. Les défenseurs de ce système oublient que la vente, chez les Romains, engendre seulement des obligations et que d'autre part le rescrit de Dioclétien assimile le mineur à l'interdit, lui refusant comme à ce dernier la possibilité même de s'obliger.

Il vaut mieux peut-être accepter le désaccord qui existe entre ces deux lois, et chercher à l'expliquer plutôt qu'à le faire disparaître. Cette antinomie est une trace des progrès du droit; et on ne doit pas s'en étonner, car les monuments juridiques laissés par Justinien sont empruntés aux écrits des jurisconsultes qui ont vécu à des époques différentes, et qu'on n'a pas toujours pris soin de mettre d'accord entre eux et avec la législation postérieure des constitutions impériales (3).

Si la restitution appartient à tous les mineurs, elle n'appartient qu'à eux seuls : « Prætor enim minoribus auxilium promisit, non majoribus (4). » Elle est toujours refusée aux majeurs alors même qu'ils ont contracté pour le mineur en qualité de gérants d'affaires. C'est ainsi, nous dit Paul (5), que si quelqu'un, défendant sans mandat un mineur en justice, est condamné, il pourra être poursuivi par l'*actio judicati*, et il ne

______

(1) L. 141, § 2, *De verb. obl.*, D. XLV, 1. — L. 43, *De obl. et act.*, D. XLIV, 7.

(2) De Savigny, *Verm. schr*, t. II, n. XVIII. — De Vangerow. t. 1, § 292.

(3) Machelard, *Obl. nat.*, 1re part., § 2, art. 4. — Demangeat, *Tr. de Dr. Rom.*, t. I, p. 406.

(4) L. 3, § 4, *De min.*, D., IV, 4.

(5) L. 46, *De min.*, D. IV, 4.

pourra pas, pour obtenir la restitution, invoquer l'âge du mineur dont il a pris la cause. Les mineurs eux-mêmes ne sont pas restitués contre les faits d'un majeur auquel ils ont succédé, car il n'est pas juste que les tiers suivent la condition de l'héritier avec lequel ils n'ont pas contracté.

Une fois admise et incorporée au droit de minorité, la restitution voit bientôt étendre son champ d'application. Accordée d'abord uniquement pour préserver les mineurs de leurs erreurs, elle ne tarde pas ensuite à garantir les fautes de leurs tuteurs ou curateurs. Ce bénéfice de la restitution fut enfin étendu à des cas où il ne reste plus des conditions o   inaires que le principe de protection. C'est ainsi que les *respublicæ*, c'est-à-dire toutes les corporations politiques, toutes les municipalités des villes et plus tard les corporations religieuses, les églises et les cloîtres y ont droit (1). Divers textes ont fait même penser qu'elle peut être invoquée par les aliénés, les prodigues et les autres incapables (2). Plusieurs auteurs ont même soutenu qu'elle appartient généralement à tous ceux dont les intérêts sont, par une nécessité légale, administrés par autrui (3). Mais si l'on se rapporte à l'origine de l'institution, et si l'on observe que dans le principe la

(1) L, 22, § 2, *Ex quib. caus. maj.*, D., IV, 6 ; L. 29, *De cond. ind.*, D., XII, 6. ; L. 8, § 1 ; L. 11, *De reb. eor. qui sub tut.*, D., XXVII, 9 ; L. 19, *De reb. aut. jud.*, D., XLII, 5 ; L. 4, *Ex quib. caus. maj.*, C., II, 54 ; L. 3, *De jur. Reip.*, C., XI, 29 ; L., 23, *De sac. Eccles.*, C., I, 2.

(2) De Savigny, § 324, pense que la condition de ces personnes a plus d'analogie avec la condition des absents qu'avec celle des mineurs.

(3) Voët, *ad Pand.*, IV, 5, § 55 ; — Gluck, VI, § 465.

restitution n'était accordée au mineur que contre ses propres actes et non contre ceux de ses représentants, que ce n'est que plus tard qu'elle a été, par des dispositions expresses, étendue à d'autres personnes et à des circonstances différentes, on se convaincra que cette doctrine ne peut être admise. Nous devons, en effet, ici surtout, rester dans les termes précis de la loi, et ne pas nous appuyer sur des exceptions pour nous écarter de la rigueur des principes et proclamer une règle générale opposée à la règle primitive.

Le droit de la restitution une fois né en la personne du mineur est transmissible. Ulpien le déclare formellement : « Non solum autem minoribus, verum successoribus quoque minorum datur in integrum restitutio etsi sint ipsi majores (1). » La restitution pourra donc être demandée par les héritiers et successeurs à titre universel. Mais aux termes de la loi 19, ils n'auront pour agir que le temps qui restait au mineur pour exercer son action. Cependant si l'héritier est lui-même mineur, ce temps ne lui sera compté que du jour où il aura atteint sa vingt-cinquième année. Ce droit sera également cessible d'après les règles du droit commun (2). La cession est souvent même présumée comme accessoire d'une disposition à titre particulier. Le légataire et le donataire d'un bien engagé ou grevé d'une servitude par un acte rescindable pourraient en poursuivre la rescision. Il est en effet probable, dit Voët, que le testateur ou donateur a voulu

______

(1) L. 18, § 5, *De min.*, D., IV, 4, et L. 6, *De in int. rest.*, D., IV, 4.

(2) L. 24, pr., *De min.*, D., IV, 4; L. 25, *De adm. et per. tut. et cur.*, D., XXVI, 7; L. 20, § 1, *De tut. et rat. dist.*, XXVII, 3.

transférer tous ses droits au légataire ou donataire. L'acheteur n'aura la restitution qu'autant que le bien lui aura été vendu libre de toute charge, et de toute servitude, *uti optimus maximus*. Car, dans ce cas, si l'acheteur n'avait pas l'action en rescision, il pourrait poursuivre le vendeur en garantie.

Le mineur put, lorsque les principes du droit romain se furent relâchés de leur primitive rigueur à l'endroit de la représentation, former sa demande par l'intermédiaire d'un *procurator* (1). Mais il fallut un mandat spécial. Si le mandataire n'a qu'un mandat général, il doit donner la caution *rem ratam dominum habiturum* (2). Si l'affaire dans laquelle le mineur est lésé lui est commune avec un majeur, pourra-t-il obtenir la restitution? Assurément s'il s'agit d'une chose divisible, ainsi de la vente d'un fonds. Mais le mineur n'a intérêt que pour la part dont il était propriétaire, et il ne pourra se faire restituer que pour cette partie, car il ne faut pas que le majeur profite du bénéfice. Cependant on devra permettre à l'acheteur de restituer la totalité du fonds, on ne peut pas le contraindre à garder une partie que peut-être il n'eût pas achetée (3). Donnerons-nous la même décision si, dans l'acte dont le mineur demande la rescision, il s'agit d'une chose indivisible, ainsi d'une servitude réelle consentie sur un immeuble indivis entre un majeur et un mineur ? Gomezius pense, comme beaucoup d'autres, que dans ce cas la restitu-

(1) L. unic., *Etiam per procur*., C., II, 49.

(2) L. 25, § 1; L. 26, *De min.*, D., IV, 4. Covarruvias pense qu'un mandat général suffit si la restitution est demandée incidemment.

(3) L. 47, § 1, *De min.*, D., IV, 4; L. unic., *Si in com.*, C. II, 26.

tion ne doit profiter qu'au mineur (1). Il argumente d'un
texte de Celsus qui enseigne que si la servitude est cédée
seulement par quelques-uns des propriétaires indivis,
« antequam novissimus cesserit, eos qui antea cesse-
runt vetare uti cesso jure non posse (2) ». Voët au contraire soutient, avec Godefroy, que la restitution doit
aussi profiter au majeur (3). Du texte de Celsus, on ne
peut, en effet, tirer qu'une conclusion, que le commu-
niste du mineur ne pourra pas demander lui-même le
secours de la restitution en se fondant sur l'âge de son
cocédant. Mais rien n'empêche que si le mineur s'oppose à l'exercice de la servitude, ou s'il demande la
restitution, les autres communistes ne profitent de cette
prohibition ou de cette restitution. C'est là un résultat
de l'indivisibilité de la servitude. Paul ne nous dit-il
pas : « Servitus et per socium nobis retinetur (4) ? » Ne
nous dit-il pas aussi que si l'un des communistes n'use
pas de la servitude, il conserve cependant son droit
per pupillum (5) ?

La question de savoir si les débiteurs accessoires
participent ou non au bénéfice de la restitution concé-
dée au mineur est des plus compliquées et des plus
vivement débattues. Les textes en effet paraissent en
contradiction à cet égard. Le mineur dont l'obligation
est garantie par une caution est également protégé par
la restitution contre l'action du créancier et contre le
recours du débiteur accessoire qui aurait acquitté la

(1) Gomezius, *Variar. resol.*, tom. II, cap. XIV, n° 10.
(2) L. 9, *De serv. præd. rus.*, D., VIII, 3.
(3) Voët. *ad Pand.*, IV, 4, § 41.
(4) L. 5, *Quem. serv. am.*, D., VIII, 6.
(5) L. 10, *Quem. serv. am.*, D., VIII, 6

dette. La question se réduit donc à savoir qui doit, en définitive, supporter la perte. Est-ce le créancier? est-ce la caution? « In summa perpendendum erit prætori, cui potius subveniat, utrum creditori an fidejussori : nam minor captus neutri tenebitur (1). » La solution de la question repose dans la nécessité d'entendre les textes non dans le sens d'une vérité générale et absolue, mais dans le sens d'une vérité relative subordonnée à certaines conditions, comme l'indique clairement Ulpien. Il est, en effet, des textes qui permettent au fidéjusseur de profiter de la restitution obtenue par le mineur débiteur principal : « Sed an hoc auxilium patri quoque prosit? Ut solet interdum fidejussori ejus prodesse (2). » Ulpien dit encore que dans la *causæ cognitio* préalable à la restitution le préteur doit juger, d'après les circonstances particulières de chaque affaire, si la restitution profitera aux fidéjusseurs ou seulement au mineur, si la perte doit être supportée par le créancier ou par la caution (3). Le magistrat n'hésitera pas à se prononcer contre le fidéjusseur toutes les fois qu'il aura garanti le danger résultant pour le créancier, de l'âge du débiteur. Si donc l'état du débiteur est bien connu on devra présumer que le fidéjusseur a voulu mettre le créancier à l'abri de l'éventualité d'une restitution, et par conséquent il ne pourra se faire relever de son engagement. Aussi deux lois au Code posent-elles comme règle générale que la caution d'un mineur ne peut profiter de la restitution accordée, *æta-*

(1) L. 13, pr., *De min.*, D., IV, 4.
(2) L. 3, § 4, *De min.*, D., IV, 4.
(3) L. 13, pr., *De min.*, D., IV, 4.

tis beneficio, au débiteur principal (1). Paul dans ses Sentences enseigne la même doctrine : « Qui sciens prudensque se pro minore obligavit, si id consulto consilio fecit, licet minori succurratur, ipsi tamen non succurretur (2). » De là il faut nécessairement conclure qu'on arriverait à une solution contraire si le fidéjusseur ignorait la qualité du débiteur ; car alors il est permis de présumer qu'il n'a entendu garantir que la solvabilité de l'obligé principal. Il comptait avoir un recours, et s'il en est privé, il est juste qu'il soit, lui aussi, dégagé de son obligation. Il profitera de la restitution à cause de son erreur pourvu qu'elle soit excusable, et c'est ce que le magistrat appréciera dans la *causæ cognitio*.

Si nous supposons non plus un fidéjusseur garantissant l'obligation d'un mineur, mais deux cofidéjusseurs garantissant la même dette et dont l'un est majeur et l'autre mineur, nous ferons les mêmes distinctions et nous arriverons aux mêmes solutions. Papinien enseigne que celui qui s'est porté fidéjusseur avec une femme est, sans aucun doute, tenu *in solidum*, car il ne lui était pas permis d'ignorer qu'une femme ne peut faire acte d'intercession (3). Mais que décider relativement au cofidéjusseur d'un mineur qui a obtenu la restitution ? Le jurisconsulte s'occupe aussi de cette question, et la solution qu'il donne n'est pas exempte de difficultés (4). Cujas croit que le cofidéjusseur majeur devra acquitter la dette entière quand le mineur est intervenu après coup, postérieurement à la fidéjussion

(1) L. 1 et 2, *De fid. min.*, C., II, 24.
(2) Paul, *Sent.*, l. I, tit. IX, § 6.
(3) L. 48, pr., *De fid. et mand.*, D., XLVI, 1.
(4) L. 48, § 1, *De fid. et mand.*, D., XLVI, 1.

émané du majeur; mais que, dans la pensé de Papinien,
il faudrait donner une décision contraire s'ils s'étaient
obligés simultanément. La restitution obtenue par le mineur ne ferait pas perdre alors au majeur le bénéfice
de la division *propter incertum ætatis ac restitutionis*,
parce que celui-ci a pu ignorer l'incapacité de son cof-
déjusseur (1). M. Machelard, dans son remarquable
ouvrage sur les obligations naturelles, préfère l'interprétation donnée par Godefroy (2). Il pense que ces
mots *propter incertum ætatis ac restitutionis* se réfèrent
au cas où il y a eu deux restitutions dont la première
émane d'un majeur. Ce cas est en effet le seul résolu
positivement par le jurisconsulte. « Il nous paraît un
peu forcé, dit le savant professeur, de supposer que
Papinien sous-entend une hypothèse différente, qu'il
la résout tacitement et qu'il se préoccupe de justifier
la décision d'une question qu'il passe sous silence. »
Un majeur s'est porté isolément fidéjusseur, par conséquent il n'a pas compté sur le secours du bénéfice
de division. « Cette position qu'il a acceptée volontairement, dit encore M. Machelard, et qui l'expose au
fardeau de la dette entière, ne doit pas s'alléger à
raison de l'accession d'un autre fidéjusseur, parce que
l'obligation nouvelle qui vient s'ajouter à celle du
majeur, n'est qu'une obligation incertaine et précaire,
par suite de l'âge de celui qui a contracté et de la possibilité d'une restitution, *propter incertum ætatis ac
restitutionis.* » D'ailleurs faudra-t-il poser en règle
générale qu'en cas de fidéjussion simultanée la resti-

____

(1) Cujas, *Com. in lib. quæst. Papin.*, t. IV, c. 268 et seq.
(2) Machelard, *Des oblig. natur.*, 1re part., § 2, art. 4.

tution du mineur sera sans préjudice pour le majeur ?
Sans doute il en sera ainsi quand le majeur n'aura pas
connu l'état de son cofidéjusseur : c'est ce qui découle
de la décision de Papinien opposant le cofidéjusseur du
mineur à celui d'une femme. Mais si au contraire il
a connu la minorité de son cooblige, il en a accepté
toutes les conséquences. Il n'a pu compter sur le bénéfice de la division que pour le cas où son cofidéjusseur serait solvable lors de la *litis contestatio*. Et la
restitution n'équivaut-elle pas à une insolvabilité de
fait ? Ne pouvait-il pas la prévoir mieux encore que
cette insolvabilité ? Si cependant c'est le dol du créancier qui a décidé le mineur à se porter cofidéjusseur,
le majeur ne doit pas souffrir de la restitution, et il
obtiendra le bénéfice de division. Le dol en effet ne
doit nuire qu'à son auteur (1).

Le fidéjusseur majeur souffrira donc de la restitution
obtenue par le mineur débiteur principal ou cofidéjusseur toutes les fois qu'on pourra présumer qu'il a voulu
garantir le créancier contre les chances possibles d'une
restitution. Mais il peut se faire que le créancier ait eu
seulement pour but de se prémunir contre l'insolvabilité et non de se mettre à l'abri des dangers que peut lui
faire courir l'âge de son débiteur. Dans ce cas le fidéjusseur s'est obligé *sine contemplatione juris prætorii*,
et il ne doit pas souffrir de la restitution (2). Il est impossible de révoquer en doute le fond de cette décision
de Papinien, bien que le texte du jurisconsulte, d'une
construction difficile et obscure, paraisse avoir subi

(1) L. 48, § 1, in fine, *De fid. et mand.*, D., XLVI, 1.
(2) L. 95, § 3, *De sol. et lib.*, D., XLIV. 3.

des altérations, et donne lieu à de nombreuses controverses (1). Mais cette hypothèse n'est qu'une particu-
larité dont il ne faut pas faire une présomption ; il vaut
mieux supposer, ce qui se présente plus habituellement,
pour ne pas dire presque toujours, que le créancier en
exigeant un fidéjusseur a voulu se garantir contre toute
éventualité de non-payement. D'ailleurs la restitution
est un bénéfice tout personnel qui ne résulte que de
circonstances exclusivement propres au débiteur.

Une doctrine contraire s'appuyant sur plusieurs
textes pose comme règle générale le droit pour le
fidéjusseur de participer au bénéfice de la restitution (2).
Les textes qu'on nous oppose sont assurément formels;
mais peut-on les invoquer dans cette discussion? Sont-
ils de quelque valeur dans ce débat? Dans la loi 51, au
titre *De procuratibus*, Ulpien déclare que le mineur de
vingt-cinq ans n'est pas un *defensor idoneus* parce qu'il
a droit à la restitution ainsi que ses fidéjusseurs. Mais
on comprend très-bien que la restitution profite aux
cautions qui ont promis *judicatum solvi*, si elles ont cau-
tionné par ignorance de l'état de minorité du *defensor*.
Ulpien admet cette solution comme possible, mais non
comme nécessaire. Dans la loi 2, § 1, *De auctoritate et
consensu tutoris et curatoris*, le même jurisconsulte décide que, si le créancier d'une succession échue au mineur obtient condamnation contre le tuteur, et si plus
tard le mineur se fait restituer pour s'abstenir de l'hérédité, les fidéjusseurs donnés par le tuteur pour as-

(1) Cujas, *Com. in lib. quæst. Pap. sub. h. l.*, tit. IV, c. 728;
A. Faber; Godefroy; Voorda; Pothier; Wieling, *Lect. jur. civ.*, II, 2.
(2) L. 2, § 1, *De auct. et conc. tut. et cur.*, D., 7; L. 89, *De acq.
vel. om. her.*, D., XXIV, 2; L. 51, pr., *De proc.*, D., III, 3.

surer le payement de la condamnation profiteront de la restitution. C'est qu'en effet, les fidéjusseurs n'ont pu se défier d'une restitution, lorsque le tuteur lui-même a fait faire immixtion au pupille; ils ont dû, non sans raisons, croire la succession bonne et compter sur un recours contre le débiteur (1). La même observation peut s'appliquer à la loi 89, *De acquirenda vel omittenda hereditate*. Dans ce dernier texte, Scævola enseigne que, si un pupille s'étant immiscé obtient plus tard la faculté de s'abstenir, les fidéjusseurs qu'il a fournis pour garantir les dettes héréditaires devront être déchargés. On peut encore observer avec Accurse (2) que dans tous ces cas le créancier ne sera pas d'ordinaire privé de tout recours. Il aura son ancienne action contre son ancien débiteur défendu par le mineur, de même que les créanciers héréditaires pourront, s'il existe d'autres créanciers solvables ayant fait adition, agir contre eux. Il faut avouer que cet argument peut ne pas satisfaire complétement, dans ce dernier cas du moins. Doneau l'a bien compris, et peut-être donne-t-il la vraie raison de ces exceptions quand il dit : « In his causis fidéjussores pro minore intercedunt non simpliciter, sed pro minore sub certæ personæ qualitate; seu pro minore, quatenus talis aut talis persona est; eam autem personam exuit beneficio in integrum restitutionis (3). » Noodt donne aussi de ces lois la même explication. Le fidéjusseur est libéré, dit-il, « quia fidejussit pro minore, non tanquam minore sed tanquam defensore aut he-

---

(1) Machelard, *loc. cit.*

(2) Accurse, *Ad leg. 31 de proc.*, D., III, 3.

(3) Doneau, *De jure civili*, lib., XXII. c. 14, § 12.

rede; talis autem defensor aut heres esse desiit in integrum restitutus, igitur desiit quoque esse causa fidejussionis unice factæ ut minor esset aut heres aut alienæ litis defensor (1). » Et en effet, dans ces diverses hypothèses, les fidéjusseurs ne viennent-ils pas plutôt assurer au créancier la solvabilité de fait du débiteur que la garantir contre l'éventualité d'une restitution ?

(1) Noodt, t. II, p. 93.

CHAPITRE II.

DES CONDITIONS NÉCESSAIRES POUR OBTENIR LA RESTITUTION.

I.

Lésion résultant d'un fait juridique.

Pour que la demande en restitution soit fondée, il faut que le mineur, par suite de son inexpérience ou de sa légèreté, *propter ætatis lubricum*, ait éprouvé une lésion conséquence d'un fait juridique. Le magistrat devra examiner *uti quæque res erit*, et il verra ce qu'exigent, dans les circonstances de chaque affaire, l'équité et le juste intérêt de celui que l'édit a voulu protéger. La lésion consiste dans toute diminution du patrimoine. Peu importe que cette diminution provienne de la perte d'un droit ou seulement des modifications que ce droit subit dans ses qualités, comme, par exemple, lorsque certain et incontestable il devient éventuel ou litigieux. Sa poursuite, en effet, coûte toujours des frais et des désagréments et expose à la perte d'un procès, « *cum intersit eorum litibus et sumptibus non vexari* ». Il faut même aller plus loin et reconnaître que le mineur sera lésé toutes les fois qu'il manquera d'acquérir : « *Hodie certo jure utimur ut et in lucro minoribus succurratur* (1). » Le mineur sera donc restitué non-seulement

(1) L. 7, § 6, *De min.*, D., IV, 4.

contre la diminution qu'il souffrira en son patrimoine, mais contre le défaut de gain, toutes les fois que le gain non réalisé ne devra pas être pris sur les biens déjà acquis à un autre. C'est ainsi qu'il peut se faire autoriser à accepter une succession qu'il a déjà répudiée (1).

La lésion ne doit avoir pour cause que le fait contre lequel le mineur veut se faire restituer. Si, en effet, le préjudice souffert n'est pas une suite directe de ce fait, s'il ne résulte que d'événements ultérieurs, il n'y a pas de lésion et le mineur n'est pas restituable. Il ne serait pas juste que le préteur vînt le protéger contre ces accidents qu'on ne peut prévoir et arrêter. C'est ainsi que le mineur ne pourra pas se plaindre, s'il a fait un acte de sage administration en employant ses capitaux à l'achat d'une maison ou d'un champ, et que le feu du ciel vienne à brûler la maison, qu'une inondation emporte le champ. Il ne pourra pas se plaindre encore, si une succession avantageuse au moment de l'acceptation devient plus tard onéreuse parce qu'un tremblement de terre aura détruit les maisons, parce que les esclaves seront morts ou se seront enfuis. Ulpien ajoute que cependant il pourra se faire restituer si cette hérédité contenait de nombreux esclaves, des maisons en mauvais état, beaucoup de dettes; car il aurait dû prévoir que ces esclaves pouvaient mourir, que ces bâtiments pouvaient s'écrouler. Le mineur n'obtiendra pas non plus la restitution s'il achète un esclave qui lui est nécessaire et si cet esclave vient à mourir (2). Mais

____

(1) L. 1 et 2, Si ut om. her., C., II, 40; Cujas, De min., In Pauli lib. XII ad. edict., t. V, l. XVIII.

(2) L. 11, §§ 4 et 5, De min., D., IV, 4.

nous ne donnerions pas la même solution s'il avait
échangé un fonds contre un esclave à peu près de même
valeur et ne lui étant pas indispensable. Les chances de
perte sont, en effet, plus nombreuses pour un esclave
que pour un fonds.

Le magistrat se refusera encore à voir une lésion dans
ces actes que les mœurs et les convenances exigent et
rendent en quelque sorte obligatoires. Ainsi l'édit
est sans application si le mineur fait une donation
propter nuptias, si la femme mineure se constitue une
dot. Mais il faut que, soit dans cette donation, soit
dans cette constitution de dot, il n'y ait rien d'exagéré (1). Il y aurait lésion si la femme se constituait en
dot une somme supérieure à l'actif de son patrimoine,
car les créanciers pourraient plus tard venir réclamer
leur payement et la femme ne pouvant pas les satisfaire se verrait contrainte par corps ou obligée à faire
la cession de biens. Il en serait de même si elle se constituait en dot non plus une certaine somme mais tous
ses biens. Il n'y aurait plus à craindre, il est vrai, les
mêmes dangers, car « *non sunt bona nisi deducto ære
alieno* ». Cependant elle ser t lésée par une telle constitution de dot, puisque, après avoir payé ses créanciers,
il ne lui resterait plus rien pour vivre. Sans doute le mari
doit nourrir sa femme, mais il peut se faire que le mari
ruiné ne puisse satisfaire à cette dette alimentaire, il
peut aussi se faire qu'il lui refuse des aliments. Aucune
loi ne défend à la femme une telle constitution de dot,
elle est valable en droit; en la rescindant pour cause

____

(1) L. 9, § 1, *De min.*, D., IV, 4; L. 1, *Si adv. don.*, C., II, 30;
L. un., *Si adv. dot.*, C., II, 34.

de lésion, le préteur l'affirme et le prouve (1). Elle est valable mais elle est imprudente et, comme telle, elle motive la restitution. Toutefois en cette matière le magistrat devra apprécier ce qu'exigent la fortune et la condition de chaque époux.

Pour donner lieu à la restitution, la lésion doir avoir une certaine importance : « *de minimis non curat prætor.* » Cette doctrine est proclamée dans plusieurs textes du droit romain (2). Est-il juste, en effet, de rescinder pour un intérêt nul un acte valable en droit quand cette rescision doit apporter un préjudice considérable, peut-être une ruine complète, à celui qui, bien souvent, n'aura eu que le tort de traiter avec une personne dont il ignorait l'incapacité? Mais, dit-on, qu'importe pour la restitution la quotité du dommage? Un intérêt quelque faible qu'il soit ne suffit-il pas pour agir et faire reconnaître son droit? Est-ce que l'existence d'une action peut dépendre de la question de savoir si l'intérêt est plus ou moins considérable (3) ? Sans doute, quand il s'agit du droit commun, le juge doit tenir compte du plus petit intérêt ; mais ici la condition est tout autre : il s'agit d'un privilége spécial donné contre le droit commun (4). C'est d'ailleurs un point laissé à l'appréciation nécessairement relative du magistrat; c'est à lui à apprécier les faits, c'est à lui à juger de l'intérêt du mineur et du dommage qui pourra résulter de la restitution. Il a en cette matière une grande latitude.

(1) L. 16, *De min.*, D., IV, 4.
(2) L. 4, *De in int. rest.*, D., IV, 1 ; D. 9, § 6, *De dol. mal.*, D., IV. 3; L. 54, *De contr. emp.*, D., XVIII, 1
(3) L. 22, *De dam. infect.*, D., XXXIX, 2.
(4) Bartole, *In. L.* 4, IV, 1.

« *Totum enim hoc pendet ex prætoris cognitione* (1) ».
Oui, tout dépend du bon plaisir du magistrat, car,
comme le marque Noodt, le préteur ne dit pas : « *Actionem dabo*, ut alias, non etiam *cavere jubeo, sed ait
animadvertam uti quæque res crit*; reservat igitur sibi liberam restitutionis formam prout ipsi videbitur (2) . »

Pour que la restitution soit possible, il faut donc qu'il
y ait lésion, mais il faut de plus que cette lésion résulte
d'un fait légal et régulier opérant un changement dans
la situation juridique du mineur, et non d'un trouble
de fait répressible par les actions ordinaires. Quoique
les termes de l'édit, *quod cum minore gestum*, semblent ne
se rapporter qu'à un fait bilatéral, on a toujours et sans
difficulté entendu le mot *gestum* de tout fait même unila-
téral. « Gestum sic accipimus, dit Ulpien, qualiter qualiter, sive contractus sit, sive quid aliud contigit (3). »
C'est qu'en effet, comme l'observe Celsus (4), il ne faut
pas s'attacher à la lettre de la loi, il faut en rechercher
l'esprit. Pourquoi la restitution est-elle accordée aux mineurs? Est-ce parce que le fait est bilatéral, ou bien parce
qu'il a causé au mineur un préjudice, parce qu'il lui a fait
éprouver une lésion et que l'équité exige que le magistrat vienne au secours de sa jeunesse? La lésion ne
peut-elle donc pas également résulter des actes unila-
téraux? Ne peut-il pas y avoir aussi dans ces faits un
dommage que le mineur souffre par suite de son inexpérience? Dès lors, pourquoi ne pas étendre à ces actes

(1) L. 24, § 5, *De min.*, D., IV, 4.
(2) Noodt, *De min.*, t. II.
(3) L. 7, pr., *De min.*, D., IV, 4.
(4) L. 17, *De legtb. s. que cons.*, D., I, 3.

l'édit du préteur ? Pourquoi ne pas donner la même décision là où les mêmes raisons nous sollicitent ? « In eadem sententia jus idem : quia id jus est, non quod lex scripsit, sed quod voluit (1). » N'est-il pas plus grave de rescinder un acte qui s'est formé par le consentement de deux personnes, que de restituer le mineur contre un acte dans lequel il a été seul partie et qui s'est passé à l'insu et sans l'intervention des tiers ?

Il faut que ce fait juridique, cause de la lésion, soit librement consenti et ne consiste pas dans une obligation légale. Si le mineur a agi sous l'empire et la contrainte du droit commun, il ne pourra pas obtenir la restitution, bien qu'il éprouve un préjudice : « non enim deceptus videtur jure communi usus (2). » Ainsi le mineur créancier qui divise son action contre chacun des fidéjusseurs solvables, ne pourra pas se plaindre de l'insolvabilité postérieure de l'un de ces fidéjusseurs car le rescrit d'Adrien l'obligeait à cette division (3).

Les textes nous présentent de nombreux exemples de faits juridiques contre lesquels le mineur sera restituable. Les conventions offrent naturellement les applications les plus larges et les plus nombreuses de l'édit. La restitution sera possible contre toute espèce de contrats : qu'il s'agisse d'un achat, d'une vente même précédée d'un décret d'autorisation conformément à l'*oratio Severi*, d'un louage, d'une société, d'un prêt si le mineur emprunteur a dissipé la chose reçue en totalité ou en partie, d'un cautionnement, d'un compromis,

(1) Doneau, *Com.*, lib. 24, c. 8, § 7.
(2) L. 51, § 4. *De fid. et mand.*, D. XLIV, 4.
(3) Inst., lib. III, tit. 20, *De fid.*, § 4.

d'une transaction, d'un partage, d'une libéralité exagérée dans le cas où il n'y a pas nullité absolue, d'une
constitution trop générale de dot (1).

Le mineur peut aussi être relevé des suites d'un acte
extinctif d'obligation : s'il a fait un payement qui lui
soit préjudiciable parce que le terme n'était pas arrivé,
parce que la créance était contestable ou la dette alter-
native; s'il a reçu un payement sans profit parce que la
somme payée a été perdue ou dissipée, lors même que le
débiteur aurait pris la précaution de payer avec l'autorisation du curateur ou de consigner dans un temple. Il
en serait de même de la dation en payement, si la chose
donnée par le mineur était d'une valeur supérieure, ou si
la chose par lui reçue était d'une valeur inférieure à la
dette; d'une novation qui donnerait au créancier une
créance moins sûre ou un débiteur moins solvable; de
l'acceptilation libérant le débiteur (2).

Dans le droit de la famille lui-même, nous trouvon
un exemple de restitution. Le mineur peut se plaindre
d'une adrogation qui lui est préjudiciable (3), bien
qu'Ulpien (4) en invoquant l'autorité de Papinien semble
enseigner que toute *capitis deminutio* échappe à la

(1) L. 7, § 1; L. 9, § 1; L. 23; L. 24, § 4; L. 27, § 1; L. 31,
§ 1; L. 34, § 1; L. 49; L. 50, *De min.*, D., IV, 4; L. 12, § 3,
L. 13, *De adm. et per. tut.*, D., XXVI, 7; L. 1, § 2, *De tut. et rat. dist.*;
D., XXVII, 3; L. 1, *De reb. eor.*, D., XXVII, 9; Inst., II, 8, *Quib.
alien. lic.*, § 2; L. 1, *Si adv. trans.*, c. II, 32 ; *Si adv. dot.*, C., II,
34; L. 11, *De præd. et al. reb. min.*, C., II, 71.

(2) L. 7, § 2; L. 24, § 4; L. 25, pr., L. 27, §§ 1, 2, 3; L. 40, pr.,
et § 1; L. 47, § 1; L. 50, *De min.*, D., IV, 4; L. 32, § 4, *De tut. et
rat. dist.*, D., XXVI, 7; L. 1 et 2, *Si adv. sol.*, C., II, 33.

(3) L. 3, § 6, *De min.*, D., IV, 4.

(4) L. 9, § 4, *De min.*, D. IV, 4.

restitution. Si un mineur de vingt-cinq ans, dit le jurisconsulte dans ce texte, tombe en esclavage parce qu'il s'est laissé vendre pour partager le prix, il ne pourra pas invoquer le bénéfice de l'édit et c'est justice, *quoniam res nec capit restitutionem cum statum mutat.* Mais il faut observer qu'il s'agit ici de la *maxima capitis deminutio,* et que la loi déclare ce mineur esclave pour le punir de sa fraude et empêcher que l'acheteur n'en soit victime.

Dans le droit successoral nous retrouvons encore la restitution, l'abstention, la répudiation d'une hérédité avantageuse ou d'un legs, l'acceptation d'une succession onéreuse civile ou prétorienne, même après une première restitution contre une renonciation précédente la rendant possible. Le mineur pourra aussi l'invoquer s'il n'a pas accompli la condition sous laquelle il a été institué, s'il a laissé passer les délais pour recueillir une succession prétorienne (1).

Lorsque le mineur aura négligé de mettre obstacle à l'accomplissement d'une usucapion, il pourra demander la restitution pour faire revivre l'état de droit antérieur et reprendre sa chose. Il en serait de même si, par le non-usage, il avait laissé éteindre une servitude (2).

Les formes de l'ancienne procédure rendaient passible les préjudices les moins mérités. Une simple méprise pouvait entraîner la perte d'un droit. En cette matière surtout l'équité dut avoir sa place et la restitution être

______

(1). L. 6, *De in int. rest.,* D., IV, 4 ; L., 3, §§ 2 et 8; L. 7, §§ 5, 7, 9, 10; L. 11, § 5; L. 22; L. 24, § 2; L. 29, § 2; L. 30; L. 31, *De min.,* D., IV, 4; L. 2, *De in int. rest.,* C., II, 22; L. 1, 2, *Si min. ab. her.,* C., II, 39 ; *Si ut omis. her.,* C., II. 40.

(2) L. 47, pr. *De min.,* D., IV. 4; *Si adv. usucap.,* C., 2, 36.

possible. Elle s'accorde encore, sous Justinien, contre
les déchéances pour expiration de délais, la désertion
de l'instance, l'aveu fait ou omis, la délation de serment,
le défaut prononcé, le préjudice qu'entraîne la déso-
béissance aux ordres du juge (1).

Ainsi la restitution prend place parmi les voies de
recours contre les jugements. Elle permet d'attaquer la
sentence du magistrat appelé à connaître de la restitution, alors que l'appel n'est pas recevable. Cette
restitution produit les mêmes effets que l'appel; elle
amène un nouvel examen de l'affaire et rend possible
la modification du jugement (2). Mais tandis que l'appel
est motivé sur l'injustice de la sentence, la restitution
s'appuie sur l'inhabileté de celui qui réclame et sur le
préjudice qu'il souffre. Si, en effet, le mineur avait été
plus prévoyant et plus expérimenté, il aurait conduit
plus habilement le procès et il aurait obtenu peut-être
une décision différente. Il n'est donc pas étonnant que
l'homologation donnée à un acte par l'autorité judiciaire n'empêche pas en principe la demande en restitution et qu'on ait même accordé au mineur dont les
offres aux enchères ont été couvertes, le droit de se
faire restituer en prouvant qu'il avait intérêt à acheter
la chose, par exemple, parce qu'elle avait appartenu à
ses ancêtres (3). Il en résulte même qu'une première
restitution obtenue peut en motiver une nouvelle pour

(1) L. 7, §§ 4, 11 et 12; L. 8; L. 9, § 2; L. 18, §§ 1, 2 et 3; L. 29,
§ 1; L. 36, *De min.*, D., IV, 4; L. 26, § 5, *De nox. act.*, D., IX, 4;
L. 9, § 4; L. 31, *De jurej.*, D., XII, 2; L. 33, *De re jud.*, D., XLII,
1; L. 6, § 5, *De conf.*, D., XLII, 2; L. 1, *Si adv. rend. pig.*, C., II,
29; *Si ex. fals. inst.*, C., VII, 58.
(2) Paul, *Sent.*, V, 5 a, § 10; *Si adv. rem. jud.*, C., II, 27.
(3) L. 35, *De min.*, D., IV, 4.

annuler la précédente. Cependant cette seconde restitution n'est pas toujours nécessaire. Si la première n'a encore produit aucun effet, celui qui l'a obtenue peut n'en tenir aucun compte et repousser par une simple exception son adversaire se prévalant par voie d'action de l'état de droit issu de cette restitution : « quia unicuique licet contemnere hæc quæ pro se introducta sunt. » Ainsi le mineur qui s'est fait restituer contre une vente, peut revenir sur sa première décision, et, pour faire tomber cette restitution, il lui suffira de ne pas rendre le prix qu'il a reçu et de repousser par une exception son adversaire qui voudrait l'y contraindre (1). Si le magistrat, ne trouvant pas la position du mineur suffisamment digne d'intérêt, refuse d'accorder la restitution, sa décision ne pourra pas motiver une nouvelle demande en restitution et ne donnera lieu à d'autre recours que l'appel. Toutefois une seconde demande serait admissible si elle était fondée sur une cause nouvelle, l'exception de chose décidée n'étant alors plus opposable (2).

II.

Absence d'une cause d'exception.

Pour que la restitution soit possible il ne suffit pas qu'un fait légal et régulier, modifiant la situation juridique du mineur, lui fasse éprouver une lésion, il faut

(1) L. 41, *De min.*, D., IV, 4.
(2) L. 7, § 9; L. 38, pr., *De min.*, D., IV, 4; *Si sœp. in int. rest.*, C. II, 44.

encore qu'il n'y ait pas de motif d'exception à la concession du bénéfice demandé.

Parmi les exceptions que les textes nous présentent, plusieurs ne sont qu'apparentes, et souvent la lésion, condition essentielle à la restitution, n'existe pas ou est présumée ne pas exister, comme dans l'hypothèse d'une transaction intervenue entre frères sur l'exécution d'un fidéicommis (1).

Il n'y a pas non plus une véritable exception dans cette règle qui refuse la restitution quand les moyens ordinaires du droit suffisent pour réparer le préjudice souffert, car la restitution, n'étant qu'un moyen extraordinaire destiné à compléter le droit dans les conflits de la loi avec l'équité, est alors sans utilité. Ainsi le mineur ne sera pas restitué contre u.i contrat nul ou contre une déchéance qui n'a pas été encourue grâce à une suspension de plein droit (2). Les documents du droit Romain nous présentent de nombreuses applications de ce principe. Les pupilles qui sans l'*auctoritas* de leur tuteur auront rendu leur condition pire, les mineurs qui auront été condamnés sans s'être défendus, ceux qui pourvus de l'*auctoritas* de leur tuteur ou curateur auront éprouvé un préjudice, dans un contrat *bonæ fidei*, par le dol de l'autre partie ne pourront pas se faire restituer (3). La restitution est encore inutile au mineur qui a fait adition de l'hérédité d'un homme ayant péri de mort violente, avant que les esclaves

____

(1) L. 11, *De transact.*, C., II, 4.

(2) L. 16, § 1 et 3, *De min.*, D., IV, 4; *In quib. caus. in int. rest. neces. non est*, C., II, 41.

(3) Inst., I, 21, *De auct. tut.*; L. 7, *De dol. mal.*, D., IV, 3; L. 9, *De auct. et cons. tut.*, D. XXVI, 8; L. 54, *De re jud.*, D., XLII, 1.

n'aient été mis à la question, car il est protégé par le
droit civil, et il n'a pas à craindre d'être écarté comme
indigne et de voir les biens hériditaires confisqués (1).
Toutefois la règle qui refuse la restitution quand on
peut agir par les voies ordinaires ne s'applique pas au
cas où la partie lésée ne trouve dans l'action ordinaire
qu'une protection moins complète et moins sûre que
dans la restitution. C'est ainsi que les impubères et
les mineurs peuvent choisir entre la restitution et l'*actio
tutelæ directa* ou l'*actio negotiorum gestorum utilis*. Ils
peuvent même revenir sur leur choix (2). Et, ce n'est
là, quoi qu'on en dise, qu'une application des principes
eux-mêmes ; car l'action de tutelle, ayant pour condition la preuve d'une obligation spéciale du tuteur (3),
est toujours plus incertaine et moins sûre que la restitution qui demande seulement la justification du préjudice (4). Cependant, en présence de ce texte d'Ulpien :
« Si communi auxilio et mero jure munitus sit, non debet
ei tribui extraordinarium auxilium (5), » on a cru que
la restitution ne serait accordée au mineur qu'autant
qu'il ne pourrait obtenir *jus suum* par l'*actio tutelæ*,
à cause de l'insolvabilité de son tuteur. Et pour expliquer dans cette opinion le rescrit de Dioclétien qui

(1) L. 3, § 18, *De S. C. Sil. et Cl.*, D., XXIX, 5 ; L. 1, *In quib.
caus. in int. rest.*, C., II, 41.

(2) L. 39, § 1 ; L. 45, § 1, *De min.*, D., IV, 4 ; L. 25, *De adm. et
per. tut. et cur.*, D., XXVI, 7 ; L. 20, § 1, *De tut. et rat. dist.*, D.,
XXVII, 3 ; L. 3 et 5, *Si tut. vel. cur.*, C., 2 25.

(3) L. 1, pr., *De tut. et rat. dist.*, D., XXVII. 3.

(4) Quelques auteurs, Duaren, Doneau, Göschen en induisent au contraire que le mineur a droit à la restitution même quand il a une autre
action.

(5) L. 45, pr., *De min.*, D., IV, 4.

accorde la restitution « licet personali actione a tutore
vel curatore jus suum consequi possint (1), » on a tra-
duit ces derniers mots : « Bien que par l'action personnelle ils puissent obtenir *jure* mais non *effectu* ce qui
peut leur être dû. » Ainsi, d'après cette doctrine, les
mineurs ont la restitution alors même qu'ils ont le droit
de poursuivre leur tuteur et de demander ce qui leur
est dû, pourvu qu'ils ne l'obtiennent pas parce que le
défendeur est insolvable. Cette interprétation un peu
subtile est, il faut bien l'avouer, loin d'être convain-
cante. Comment, en effet, peut-on dire que celui qui
n'obtient rien obtient *jus suum* ? N'est-ce pas là une
étrange confusion entre le sens du verbe *petere* et du
verbe *consequi*, entre le droit et la faculté naturelle
d'obtenir ce qui est dû ? Cependant les défenseurs de
cette doctrine invoquent trois arguments. Le mineur,
disent-ils, ne peut se faire restituer que s'il est lésé ;
or, si le tuteur est solvable, il n'a rien à craindre, il
n'aura à supporter aucune perte : « Is qui actionem
habet ad rem recuperandam, ipsam rem habere videtur (2). » Sans doute le mineur pourra, si son tuteur
ou curateur est solvable, obtenir ce qui lui est dû, mais
il est incontestable que la restitution peut lui être plus
avantageuse, et si ayant l'action il semble avoir la
chose, il ne l'a pas en réalité ; s'il l'avait, il ne pourrait
exercer aucune action. Le secours extraordinaire de
l'*in integrum restitutio*, ajoute-t-on, n'est accordé qu'à
celui qui n'est pas protégé par le droit commun ; or,
le mineur est protégé par le droit commun puisqu'il a

(1) L. 3, *Si tut. vel. cur.*, C., II, 25.
(2) L. 15, *De reg. jur.*, D., L, 17.

l'action de tutelle ou de gestion d'affaire. C'est là se méprendre sur le sens de ces paroles : « Si communi auxilio et mero jure munitus sit, non debet ei tribui extraordinarium auxilium. » Et, en effet, comme les derniers mots du texte nous le prouvent, le mineur est *mero jure munitus* lorsque l'acte n'est pas valable en droit, ainsi s'il s'est obligé sans l'*auctoritas* de son tuteur, s'il a été amené par un dol à contracter société. Dans la même loi encore, le jurisconsulte, acceptant la doctrine de Pompinius, ajoute que si l'acte est valable en droit, la restitution est possible bien qu'il ait une autre action, comme, par exemple, une *condictio* : « Non enim ipso jure sed per condictionem munitus est (1). » L'argument tiré de la loi 23 est plus fort. Le mineur, dit le Jurisconsulte dans ce texte, ne devra pas être écouté lorsqu'il demandera la restitution contre l'acte de son mandataire majeur : « Nisi si mandatu ejus gestum erit nec a procuratore servari res possit. » D'après cette loi, il n'y a donc de restitution possible que si le mandataire est insolvable ; or, le tuteur et le curateur sont aussi des mandataires. Pourquoi ne pas appliquer ici le même droit ? où est le motif d'une solution différente ? Certes, le raisonnement serait victorieux si on pouvait assimiler complétement le tuteur à un mandataire, mais cette assimilation n'est pas possible. Le mandataire ne représente pas la personne pour le compte de laquelle il agit ; c'est en son propre nom qu'il traite, c'est lui personnellement qui s'engage et qui engage les autres envers lui, et ce n'est qu'à l'aide d'actions de compte réciproques, d'actions utiles et de moyens indirects

(1) L. 16, pr., §§ 1, 2, 3, *De min.*; D.; IV, 4.

qu'on parvient à reporter au mandant les avantages et les désavantages des négociations. Il est donc impossible de soutenir que le mineur peut demander directement la restitution, car il n'y a pas *gestum cum minore*. Mais s'il ne peut pas se faire indemniser par le mandataire, alors seulement on considère qu'il s'agit de l'affaire du mineur, et la restitution naît pour lui du préjudice. Quant au tuteur, il peut intervenir dans l'acte de deux manières : s'il ne fait que donner son *auctoritas*, c'est le pupille qui agit et il y a réellement *gestum cum minore*. S'il est lésé, il pourra se faire restituer. Que si au contraire l'acte a été fait par le tuteur lui-même, il est encore considéré comme fait par le pupille, car le tuteur *domini loco habetur*. Ainsi notre conviction n'est point ébranlée et nous continuons à croire que l'*actio tutelæ directa* et l'*actio negotiorum gestorum utilis* n'excluent point la restitution (1).

Dans le dernier état du droit, il n'y a plus de restitution en matière de prescription. Par une constitution insérée au Code, Justinien décide que les prescriptions qui autrefois couraient contre les mineurs, mais pouvaient être effacées par l'*in integrum restitutio*, seront désormais suspendus à leur profit. « Melius est enim intacta eorum jura servari quam post causam vulneratam remedium quærere. » La même constitution déclare qu'il n'est rien innové relativement aux prescriptions de trente ou quarante ans. Ces dernières continuent à être régies par les dispositions de Théodose II (2). Elles ne

___

(1) L. 23, *De min.*, D., IV, 4; L. 27, *De adm. et per. tut. et cur.*, D., XXVI, 7; L. 7, § 3, *Pro empt.*, D., XLI, 5.

(2) L. 3, *De præsc. XXX vel. XL an.*, C., VII, 39. — Dupérier l. 1, 9, 11; Voët, *Ad. D.*, IV, 4, § 29.

sont pas suspendues au profit des mineurs et ne donnent
pas lieu à la restitution, comme d'ailleurs certaines
prescriptions plus courtes auxquelles ne s'applique pas
la constitution de Justinien. Ces prescriptions plus courtes, contre lesquelles les mineurs ne peuvent se faire
restituer bien qu'elles courent contre eux, sont au nombre de quatre. Deux viennent de l'ancien droit, les
deux autres sont dues à Justinien. D'après la loi Julia,
le mari pouvait pendant soixante jours, depuis qu'il
avait eu connaissance de l'adultère, accuser sa femme
sine metu calumniæ. Ces délais écoulés, il ne pouvait se
faire restituer (1). Il en était de même de la prescription de cinq ans opposable à celui qui agit *de statu de-
functi* (2). Ces dispositions antérieures à Justinien lui
ont survécu telles qu'elles étaient dans l'ancien droit,
et deux nouvelles prescriptions leur sont assimilées par
ce prince. Si, après la dissolution du mariage, le mari
qui était mineur de vingt-cinq ans lors des noces est
actionné en restitution de la dot, il ne pourra pas obtenir le bénéfice prétorien afin d'opposer l'*exceptio non
numeratæ dotis*, s'il s'est écoulé plus de dix ans depuis
le mariage. S'il meurt dans cet intervalle son héritier
mineur n'aura que cinq ans pour opposer l'exception.
Ces cinq ans courent contre lui malgré sa minorité et
sans espoir de restitution (3). Dans la crainte de voir les
procès s'éterniser, Justinien décide encore que tout procès devra se terminer dans les trois ans. Ce délai court
contre les mineurs et les pupilles. Ils ne pourront se
faire restituer que si leurs tuteurs, leurs curateurs et les

(1) L. 37, *De min.*, D., IV, 4.
(2) L. 6, *Ne de stat. def.*, C., VII, 21.
(3) L. *Si minor*..... *de temp. in int rest.*, C., II, 53.

cautions de ces tuteurs et curateurs sont insolvables (1).

Par des considérations d'un autre ordre, la restitution est refusée toutes les fois que le préjudice résulte d'un fait illicite de la part de celui qui est lésé. La restitution, en effet, n'est accordée que contre les conséquences d'un fait juridique, *gestum*, et ne peut donc pas s'appliquer aux délits. D'ailleurs, quant aux délits publics, au moins depuis la loi Calpurnia, ils ne tombent pas sous la juridiction du préteur civil qui seul accorde la restitution. Toutefois, le mineur peut se faire restituer même à l'égard des délits qui ne constituent que de simples fautes : par exemple, contre la contravention en matière de douane, s'il y a bonne foi, contre la peine du double encourue par l'*inficiatio*. Dans ce dernier cas, « in hoc solum restituendus sit ut pro confesso habeatur. » C'est par la même raison qu'on peut excuser le mariage incestueux (2). Une constitution de Sévère de l'an 301, un peu obscure peut-être, semble poser un principe général en vertu duquel la bonne foi autoriserait la restitution dans tous les cas (3). Il faut avouer que la connexion intime du texte et son ensemble est favorable à cette interprétation (4). « Si tamen, dit la constitution impériale, delictum non ex animo sed *extra* venit... in integrum restitutionis auxilium competit. » Quelques auteurs, et entre autres Cujas, font une correction au texte et lisent sur la foi des Basiliques : « Si delictum non ex animo, sed ex contractu venit (5). »

(1) L. 13, *De jud*., C., III, 1.

(2) L. 9, § 2 et 5, *De min.*, D., IV, 4; L. 16, *De pub. et rest. et com.*, D. XXXIX, 4; L. 38, § 7, *Ad leg. Jul. de adult.*, XLVIII, 5.

(3) L. 1, *Si adv. delict.*, C., II, 35.

(4) Godefroy, *In leg.*, 9, § 2, *De min.*, D., IV, 4.

(5) Cujas, *Ad Pauli Sent. recept.*, lib. I, tit. 9; Holoander lit. *ex*

Mais leur correction contraire à tous les manuscrits fait
une distinction qui n'a aucun fondement, et c'est à tort
qu'on oppose le délit intentionnnel au délit résultant du
contrat, car ce dernier peut aussi venir d'une intention
frauduleuse et coupable. En outre il est faux de dire que
la restitution est toujours possible dans les contrats (1).
D'ailleurs pourquoi la restitution est-elle refusée dans
les délits ? C'est que l'âge ne peut pas faire disparaître
la culpabilité : « Malorum mores infirmitas animi non
excusat. » C'est que rien n'est contraire à l'inexpérience
et à la faiblesse d'esprit comme la fraude et le dol, cette
maturité dans le mal qui réfléchit et médite pour tromper. Et peut-on invoquer le même motif et appliquer la
même disposition législative quand celui qui a failli n'a
à se reprocher qu'une simple faute sans mauvaise foi ?
Peut-on dire qu'il y a méchanceté chez le mineur qui ne
cherche pas à nuire, qui ne nuit que par imprudence ?
Peut-on se montrer à son égard aussi sévère qu'envers
celui qui agit sciemment ? On peut, sans doute, argumenter de la loi 9, § 3, de notre titre, qui refuse la restitution dans le cas où le divorce a lieu *cum culpa*. Mais
s'il en est ainsi, c'est à cause de l'adultère, et encore
parce que cette *culpa* qui résulte le plus souvent d'actes
prémédités semble se confondre avec le *dolus*.

La restitution est encore inadmissible quand le préjudice que le mineur a éprouvé provient de son dol.
L'équité demande cette exception et l'esprit de l'édit la

contractu ; Contius dit qu'il n'a jamais trouvé cette version ; Russardus
la déclare vicieuse. Les Basitiques, édition Heimbach, lib. IX, tit. XVII,
1. 1, porte *ex contractu* : ἀλλ'ὅτι τὸ ἀμάρτημα μὴ ἀπὸ ψυχῆς πονηρᾶς,
ἀλλ'ἀπὸ συναλλάγματος ἔρχεται.

(1) L. 9, § 2, *De min.*, D., IV, 4.

justifie. Le préteur a cherché à tendre une main pro-
tectrice à la faiblesse et à l'inexpérience ; or « nihil tam
contrarium est infirmitati ætatis quam malitia ». Pouvait-il tolérer que le dol profitât à son auteur au dépens
d'autrui? Certes, c'est ici le cas d'appliquer les sages
maximes des anciens : « Deceptis non decipientibus
jura opitulantur. — Molitia supplet ætatem. » Peu importe que le dol se produise au moment de la formation
du contrat ou plus tard. » Si, pour trouver plus facilement un crédit qui lui manque, celui qui n'a pas accompli sa vingt-cinquième année se dit majeur, il res-
tera soumis à toutes les suites de l'obligation qu'il aura
frauduleusement contractée, sans pouvoir espérer le secours du préteur. Cependant il pourra encore l'invoquer s'il a été induit en erreur ou si la personne qui a
contracté avec lui savait qu'elle contractait avec un mineur. Il serait même restitué, malgré ses fausses alléga-
tions, si, par ses fonctions ou par le degré de parenté
qui l'unit au mineur, l'autre partie était présumée connaître son âge et son incapacité (1).

Il peut se faire aussi que l'obstacle à la restitution
provienne d'un fait licite du mineur. L'homme après
vingt ans, la femme après dix-huit, peuvent avec de
justes motifs obtenir de l'empereur la *venia ætatis*. Alors
il n'y a plus de curateur, le mineur de vingt-cinq ans
prend la pleine et libre administration de ses biens et
perd tout droit à l'*in integrum restitutio*. Cependant ce
mineur n'est pas complétement assimilé au majeur de
vingt-cinq ans, il reste soumis au sénatus-consulte rendu

____

(1) C. II, 22, *Si min. se maj. dix.*; L. 7, *De in int. rest. min.*, C.,
II, 22.

sous Septime Sévère, et ne peut aliéner ou hypothéquer ses immeubles sans un décret (1). On assimile encore à ce cas celui où le mineur a *ex continenti* sanctionné l'acte par un serment, comme si le serment ne pouvait pas aussi bien que l'acte être le résultat de la pression (2).

Certains faits par leur nature spéciale n'admettent pas la restitution, bien qu'ils puissent causer un préjudice considérable. « Semel præstitam libertatem revocari non licet (3). » Les modes par lesquels l'homme libre peut devenir esclave sont expressément déterminées par le droit civil, et il n'est permis à personne, pas même au magistrat, de ravir au citoyen la liberté : « Adversus libertatem minori a prætore subveniri impossibile est (4). » Il n'y a pas de restitution contre l'affranchissement. Peu importe que le mineur ait agi librement ou que son esclave l'ait trompé. Le jugement qui a reconnu un homme libre ne peut pas plus être rescindé que la vente dans laquelle le mineur a été lésé, si l'acheteur a affranchi l'esclave, sauf dans tous les cas le recours contre qui de droit en réparation du préjudice (5). Quelquefois cependant le mineur peut solliciter la restitution contre un affranchissement, pourvu qu'il s'adresse au prince et que sa demande s'appuie sur de graves et sérieux motifs : « Si ex magna causa hoc a

(1) *De his qui ven. œt. imp.*, C., II, 43.
(2) L. 1, *Si adv. vend.*, C., II, 28.
(3) L. 20, *De lib. caus.*, C., VII, 16.
(4) L. 9, § 6, *De min.*, D., IV, 4.
(5) L. 4, 8, § 1, *De min.*, D. IV, 4; L. 9, *De app. et relat.*, D., XLIX, 1 ; *Si adv. lib.*, C., II, 31.

principe fuerit consecutus (1). » Mais ce texte emprunté
au commentaire de Paul sur l'édit est moins, comme le
remarque de Savigny, une restriction à cette règle fondamentale que la liberté une fois accordée ne peut être
révoquée, qu'un renseignement historique sur l'intervention extraordinaire de l'empereur dans les affaires
judiciaires. Le jurisconsulte ne fait que constater cette
triste maxime proclamée par le despotisme impérial, que
le prince est au-dessus des lois et que la loi est son bon
plaisir.

La liberté déjà donnée n'admet pas la restitution ;
mais il n'en est pas de même de l'acte juridique ayant
pour objet un affranchissement futur. Si un mineur de
vingt ans vend son esclave sous la condition qu'il sera
affranchi, il obtiendra la restitution, pourvu qu'il forme
sa demande avant la manumission (2). De même si un
mineur de vingt-cinq ans accepte un legs qui lui est fait
sous la condition d'un affranchissement, il pourra se
faire restituer contre l'acceptation de ce lgs, et il ne
sera pas obligé de donner la liberté à l'esclave (3). La
solution est la même au cas où un esclave réclamant la
liberté que le défunt lui a laissée par fidéicommis a triom-
phé (4). Le juge n'a pas pu donner la liberté, et la restitution est accordée contre la sentence et non contre
la liberté, car, nous le supposons, l'affranchissement n'a
pas eu lieu encore.

C'est sans doute aussi un motif d'ordre public qui
prive du bénéfice de la restitution le mineur qui a laissé

(1) L. 10, *De min.*, D., IV, 4.
(2) L. 11, § 1, *De min.*, D. IV, 4.
(3) L. 33, *De min.*, D. IV, 4.
(4) L. 1, *Si adv. lib.*, C., II, 31.

passer les délais pour intenter une action pénale (1).
Noodt en donne la raison suivante qu'il trouve excellente, mais qui ne satisfait qu'à demi : » Est optima ratio quod injuriarum judicium tantum pergit ad ultionem, cum prætor non ad hanc intendat, sed ad conservationem patrimonii juvenili facilitate perituri (2). »

Le mineur n'est jamais restitué contre le défaut d'un gain, si ce gain devait être pris sur le patrimoine d'un tiers.

On ne trouve dans les textes aucune trace de restitution contre un mariage contracté. Il est vrai que la facilité du divorce rend le bénéfice de la restitution moins nécessaire. Il y aurait cependant des différences entre un divorce et une annulation de mariage par restitution. Si en effet, le divorce n'a lieu que par la volonté de l'un des époux, il doit s'appuyer sur l'un des motifs déterminés par Théodore et Valentinien, si non, il expose celui des époux qui l'a provoqué à des peines établies par ces empereurs. (3) Jamais un simple préjudice précunaire ne peut l'autoriser.

Le payement fait au mineur qui n'a pas de curateur, au pupille ou au mineur pourvu de l'*auctoritas* de son tuteur ou curateur, au tuteur ou au curateur, est valable et libère le débiteur. Cependant si le mineur éprouve un préjudice parce que les espèces payées ont été dilapidées sans profit, ou parce que le tuteur est insolvable, il peut y avoir restitution, sauf trois exceptions (4). *In reditibus et pensionibus annuis* le débiteur qui paye

(1) L. 37, *De min.*, D., IV, 4.
(2) Noodt, *De minoribus*, p. 116.
(3) L. 8, *De nat lib.*, C., V, 17.
(4) L. 1, *Si adv., sol.*, C., II, 33.

au tuteur, au curateur ou au mineur pourvu de leur *auctoritas* est libéré et n'a rien à craindre (1); car il est de l'intérêt des mineurs que ses débiteurs lui payent san retard ces revenus destinés a subvenir à son entretiens. Le mineur n'obtiendra pas non plus la restitution, contre l'héritier institué qui lui a remis l'hérédité fidéicommissaire avec l'*auctoritas* du curateur, car il n'a fait qu'obéir à la volonté du défunt. Mais si l'hérédité est onéreuse, il pourra se faire restituer contre les créanciers héréditaires (2). La restitution est encore impossible si le débiteur n'a payé que sur une ordre du juge. Peut-on lui reprocher d'avoir obéi (3).

Quelquefois c'est la qualité de la personne contre qui on demande la restitution qui s'oppose à son obtention. Pomponius pose en règle générale que le mineur ne sera pas restitué contre un mineur. Ulpien critiquant cette décision enseigne que le préteur doit venir au secours de celui qui a souffert un dommage. Mais si les deux ont été lésés et s'ils combattent de *danmo vitando*, le magistrat doit donner gain de cause au défendeur, et refuser la restitution (4) : « Favorabiliores rei potius quam auctores habentur. » (5) Il en serait autrement si le défendeur invoquait l'exception du sénatus-consulte Macédoine ou du sénatus-consulte Velléien. Le mineur qui a prêté une somme d'argent à un fils de famille majeur pourra demander au préteur le bénéfice de l'*in integrum restitutio* : « Ut magis ætatis ratio quam sena-

---

(1) L. 25, *De adm. tut.*, C., V, 37.
(2) L. 7, *Ad., S. C. Treb.*, C., VI, 48.
(3) L. 7, *De min.*, D. IV, 4.
(4) L. 11, § 6.; L. 34, *De min.*, D., IV, 4.
(5) L. 167, *De re j.*, D., L, 17.

tus consulti habeatur (1). » de même si une femme *animo
novandi* s'oblige pour autrui envers un mineur, elle ne
pourra opposer l'exception du sénatus-consulte Velléien
que si le débiteur pour lequel elle s'est obligée est
solvable (2).

Une constitution de Justinien rejetant toutes les an-
ciennes distinctions décide que la restitution ne sera
jamais accordée aux enfants contre leurs parents et
aux affranchis contre leur patron, soit que, manquant
au respect qu'ils leur doivent, ils leur reprochent de les
avoir trompés, soit qu'ils imputent le préjudice souffert à leur propre inexpérience (3). La restitution ne
leur sera jamais accordée, que la personne du père ou
du patron jouisse ou non d'une certaine honorabilité,
que la lésion soit ou non importante. La constitution
de Justinien s'étend à tous les parents : « una est enim
omnibus parentibus servanda reverentia (4). » Elle ne
fait aucune distinction. Il faut cependant l'entendre
avec une certaine restriction, et ne l'appliquer qu'aux
actes dans lesquels les parents ou patrons ont été parties. Telle semble être, en effet, la pensée de l'empereur, car dans cette constitution il se propose seulement
de lever les doutes qui divisaient les anciens jurisconsultes sur la question de savoir « an liberi parentes
suos, vel liberti patronos in querimoniam deducere
possent, *quasi non rite in eos versatos.* » S'il refuse la
restitution, c'est dans un sentiment de respect et afin
de ne pas blesser l'honorabilité du père et du patron.

(1) L. 14, § 7, *De min.*, D., IV, 4.
(2) L. 12, *De min.*, D., IV, 4.
(3) L. 2, *Qui et adv. quos*, C., II, 42.
(4) L. 6, *De in jus voc.*, D., II, 4.

Mais peut-on invoquer cette raison quand le père n'a pas été partie dans l'acte? Peut-on dire alors que c'est par sa faute que son fils a été lésé? Y a-t-il là une atteinte portée à son honorabilité? Si donc la demande n'est pas formée contre un parent ou un patron, ou si, formée contre eux, elle est relative à un acte dans lequel ils n'ont pas été parties, la restitution est possible. C'est ainsi que la loi permet au fils émancipé de se faire restituer contre la donation de l'un de ses biens faite avec son consentement par le père à un étranger (1). Il n'en serait pas de même s'il s'agissait d'une vente faite dans les mêmes conditions, car le mineur ne pourrait pas être restitué contre l'acheteur sans être par la force même des choses restitué contre son père tenu de la garantie comme vendeur. Le fils pourra encore, disons-nous, implorer le secours de l'*in integrum restitutio* contre son père qui n'a pas été partie dans l'acte dont il se plaint. Nous en trouvons un exemple au Code. Un fils de famille est institué héritier, il répudie l'hérédité et son père l'accepte. Le fils revenant plus tard sur sa décision pourra demander la restitution contre son père afin de faire adition de l'hérédité qu'il a d'abord refusée (2). Ici il ne peut être question d'un manque de respect. Devrons-nous aller plus loin encore, et, sortant des termes de la constitution, restituer le fils ou l'affranchi contre le dol du père ou du patron? ou bien dirons-nous contre toute justice que le père et le patron pourront profiter de leur dol? Non, Justinien n'a pas pu refuser tout secours au mi-

______

(1) L. 2, *Si adv. don.*, C., II, 30.
(2) L. 8, § 1, *De bon. quæ lib. in pot.*, C., VI, 61.

neur qui a été trompé ; et, s'il ne lui est pas permis de
solliciter la restitution, la loi cependant ne l'abandonne
pas. « In horum persona dicendum est, dit Ulpien,
in factum verbis temperandam actionem dandam, ut
bonæ fidei mentio fiat (1). »

Telles sont les exceptions à l'*in integrum restitutio*
que nous rencontrons dans les textes. En dehors de ces
cas spécialement prévus par la loi, le mineur lésé peut
toujours s'adresser au magistrat pour lui demander
l'annulation de l'acte qui lui a causé un préjudice, et le
rétablissement de l'état de droit antérieur. On ne peut
pas repousser sa demande en lui opposont sa prudence,
sa science, son habileté. Il a été lésé et cela suffit (2).
On ne peut pas non plus lui objecter le respect dû à la
chose jugée, et, s'il sollicite la restitution contre la
vente d'un fonds, on ne la lui refusera pas sous prétexte qu'il y a eu un décret du magistrat, car ce décret n'a fait qu'autoriser la vente sans en régler les
conditions (3). L'*auctoritas* du tuteur ou du curateur
ne fera pas non plus obstacle à la restitution si, malgré
cette *auctoritas*, le mineur a été lésé (4). Il ne faut pas,
en effet, que la tutelle et la curatelle, toutes dens l'intérêt du pupille et du mineur, puissent tourner à son préjudice (5). Et, cette *auctoritas* du tuteur ou du curateur
ne sera pas pour cela inutile, elle rendra valable en
droit les actes qui sans elle seraient de nul effet alors

(1) L. 11, *De dolo malo*, D., IV, 3.
(2) L. 2, *De in integr. rest.*, C., II, 22.
(3) L. 11, *De præd. et al. reb. min.*, C., V, 71.
(4) L. 2, *Si tut. vel. cur.*, C., II, 28.
(5) L. 25, *De leg. s. que cons.*, D., I, 3; L. 6, *De leg. et const.*,
C., I, 14.

même qu'ils ne causeraient aucun préjudice. La restitution peut être accordée à l'égard du fisc, bien que le
fisc soit encore plus favorisé que le mineur (1).

(1) L. 1, *Si adv. fisc.*, C., II, 37.

CHAPITRE III.

PROCÉDURE ET EFFETS.

§ 1. — *Procédure.*

Les préteurs ont emprunté aux consuls une partie de leurs attributions. Ils ont été investis de tout ce qui concerne la juridiction et des pouvoirs qui en dépendent. Ainsi ils ont seuls le pouvoir judiciaire; et, en organisant, en vertu de leur *jus edicendi*, l'*in integrum restitutio*, ils s'en réservent la juridiction : « Uti quæque res erit animadvertam. » A Rome et dans l'Italie il n'y a, à l'origine, aucun autre magistrat ayant le droit de prononcer la restitution. Mais, la république reculant ses frontières, les préteurs ne peuvent plus suffire et il faut songer à donner des magistrats aux provinces conquises; on y envoie des proconsuls et des propréteurs, qui, sous l'empire, sont successivement nommés *legati* et *præsides* (1). A ces magistrats seuls appartient le droit de restitution ; c'est à eux qu'il faut s'adresser, et si, dans le cours d'une instance, il s'élève incidemment une question de cette nature, on doit la porter devant eux, le juge ne pouvant pas en connaître.

Avec l'empire l'organisation politique et administrative subit de profondes modifications et de nouvelles magistratures apparaissent. Alors les préteurs et les

(1) L. 2, *Si adv. rem jud.*, C., II, 37.

magistrats provinciaux ne sont plus les seuls à pouvoir accorder la restitution, ce droit appartient en outre au préfet de la ville, au préfet du prétoire, chef militaire dont on fait un magistrat, et à l'empereur lui-même ; mais il est toujours une attribution des hautes magistratures (1). « Restitutionis hæ species, dit Voët (2), sunt illius jurisdictionis in qua magis mixtum imperium quam jurisdictio dominatur. » Telle est aussi l'opinion de Noodt qui en conclut que le droit d'instruire et de prononcer sur les demandes en restitution put être délégué même avant Justinien. Cujas distingue et conteste le droit de délégation dans le cas de minorité en l'admettant dans les autres. Mais dans un rescrit inséré au Code, Justinien vous présente la question comme étant controversée dans tous le cas, et il la tranche en décidant que ceux qui ont le droit de statuer sur ces demandes pourront désormais déléguer leur pouvoir, et que les juges qu'ils auront nommés pour prononcer sur toute autre contestation pourront connaître d'une demande incidente en restitution (3).

Il existe cependant quelques règles spéciales pour le cas où le mineur demanderait à se faire restituer contre la chose jugée. Tout magistrat peut accorder *l'in integrum restitutio* contre la sentence rendue par son inférieur ou son égal, jamais contre la décision d'un magistrat supérieur (4). Il peut encore l'accorder contre les jugements de son prédécesseur et même contre les siens

______

(1) L. 16, § 5 ; L. 18, *De min.*, D., IV, 4 ; L. 2 et 3, *Si adv. rem jud.*, C., II, 37.

(2) Voët, *Ad Pandectas*, § 2, IV, 4.

(3) L. 2, § 3, *Ubi et apud quem*, C., II, 47.

(4) L. 18, *De min.*, D., IV, 4.

propres, bien que dans ce cas il ne puisse pas connaître de l'appel, « quamvis appellari ab his non possit (1). » Et la raison de cette différence c'est que dans l'appel on se plaint de l'injustice du juge, tandis qu'on appuie sa demande en restitution sur sa propre erreur ou sur les piéges de son adversaire (2). Si le procès a été jugé par l'empereur ou par un de ses délégués immédiats, c'est devant l'empereur lui-même qu'il faut se pourvoir.

Quant à la compétence, il n'y a en cette matière rien de particulier, elle est déterminée par les principes suivis pour les actions ordinaires (3). Ainsi le magistrat qui connaît de l'action principale peut connaître de la restitution demandée comme moyen d'exception.

Nous connaissons déjà le titulaire du droit; mais la demande en restitution met en présence deux intérêts contraires, et à côté de celui qui a été lésé et qui puise dans cette lésion son droit à l'*in integrum restitutio*, il est une autre personne qui a profité de l'acte et qui a tout intérêt à le faire maintenir. Il y aura donc un demandeur et un défendeur, qui seront soit les individus mêmes entre lesquels les faits se sont accomplis, soit leurs ayant cause. Le défendeur est celui *cum quo gestum est*, ou toute personne à qui est arrivé le bénéfice d'où résulte la lésion.

« La personne de l'obligé en matière de restitution, dit de Savigny, n'est pas aussi facile à déterminer que celle du titulaire, vu la multiplicité des rapports de

(1) L. 17 et 42, *De min.*, D., IV, 4 ; L. 14 et 45, *De re jud.*, D., XLII, 1.

(2) L. 17, *De min.*, D., IV, 4.

(3) L. 2, § 3, *De judic.*, D., V, 1 ; L. 2, *Si adv. fisc.*, C., II, 37.

droit que peut embrasser le rétablissement d'un état de choses antérieur. Si le préjudice résulte d'un contrat, souvent il ne s'agit que de lui enlever sa force obligatoire ; alors l'autre partie contractante est seule tenue de souffrir la restitution, comme dans le cas d'une action personnelle. . . . . Si la restitution résulte de l'acceptation ou de la répudiation d'une succession, on doit considérer comme obligés tous ceux avec qui le demandeur est lié par un rapport de droit en sa qualité d'héritier (1). *

. Le juge compétent et les parties en cause connus, voyons la procédure à suivre.

La restitution a été introduite par le préteur en face d'un système judiciaire tout organisé, où chaque place était prise et marquée, où chaque phénomène juridique avait en quelque sorte des lois tracées à ses évolutions. De plus, cette institution n'a pas encore une nature bien caractérisée, ses cas d'application déterminés, ses règles fixes ; elle est laissée à l'arbitraire du préteur, qui l'accorde ou la refuse selon son bon plaisir. Ce magistrat a puisé dans ses attributions le droit de suspendre le cours de la loi et d'anéantir jusque dans leurs causes, par une disposition spéciale, les effets normalement réalisés d'un acte juridique valable. Devant une institution si hardie, frappant sur tout, renversant les lois sur elles-mêmes, ne tenant aucun compte des droits légalement acquis, il est facile de comprendre que les règles de la procédure ordinaire si étroites et en même temps si absolues doivent être sans application.

(1) De Savigny. *Dr. Rom.*, § 336.

Celui qui désire le secours de l'*in integrum restitutio* n'intente pas une *actio*, demande présentée d'abord au magistrat pour obtenir la formule en application du droit et la nomination d'un *judex* devant décider la question; mais il sollicite une *cognitio*, et le débat se poursuit devant le magistrat lui-même et se vide *extra ordinem*. « Totum enim hoc pendet ex prætoris cognitione... (1) » Sur cette *cognitio*, le préteur, *causa cognita*, accorde, s'il y a lieu, la restitution par un décret susceptible d'appel comme une décision ordinaire (2). La preuve est à la charge du demandeur; « ei incumbit probatio qui dicit, non qui negat (3). » A lui donc d'établir la lésion, sa cause, son importance, à lui de montrer que l'acte a été fait pendant sa minorité et qu'il se trouve encore dans les délais utiles pour agir. Mais si son adversaire repousse la prétention du mineur en argumentant de son dol, il oppose une exception et il doit l'établir, car, « in exceptionibus dicendum est reum actoris partes fungi oportere (4). »

En présence d'un rescrit d'Antonin inséré au Code (5), quelques auteurs ont pensé que le mineur doit être restitué par cela seul qu'il a contracté, sans qu'il soit tenu d'établir la lésion, à moins que le défendeur ne prouve qu'il a retiré un profit de l'acte. Mais c'est là donner au texte une portée qu'il n'a pas. La lésion, en effet, ne résulte pas nécessairement, comme

---

(1) L. 39, § 6, *De procur.*, D., III, 3; L. 3, § 9; L. 24, § 5, *De min.*, D., IV, 4; L. 39, pr., *De evic.*, D., XXI, 2.

(2) L., 29, § 2; L. 47, § 9, *De min.*, D., IV, 5.

(3) L. 2, *De prob.*, D., XXII, 3.

(4) L. 29, *De prob.*, D., XXII, 3.

(5) L. 1, *Si adv. cred*, C., II, 38.

plusieurs textes le prouvent, de tout contrat, et le rescrit de l'empereur n'a d'autre but que d'introduire dans cette matière une exception toute particulière en haine des usuriers (1).

Pour que la restitution puisse être prononcée, il faut que l'adversaire soit présent ou régulièrement appelé; et, si la demande en restitution est formée contre l'acceptation d'une succession, il faut mettre en cause tous les créanciers du défunt (2).

Il peut arriver que le préteur ait besoin de prendre certaines mesures dans l'intérêt des parties ou des tiers et d'employer des moyens d'instruction préparatoires pour élucider certains points obscurs du débat, approfondir certaines questions dont il peut faire dépendre sa décision, élaborer, en un mot, tous les éléments du droit à la restitution, et c'est ainsi que parfois il doit rendre plusieurs décrets successifs (3).

Si le mineur poursuivi en vertu de l'obligation par lui contractée veut repousser la demande par une restitution, il doit réclamer du préteur le refus immédiat de l'action. Il doit suivre le même procédé s'il demande la restitution à l'encontre d'une exception, car elle peut être opposée en réplique et duplique (4).

Ces formes excessivement simples constituent ainsi une procédure spéciale qui tend, en vertu même de sa simplicité à se propager et à se substituer peu à peu au système formulaire. Cette tendance, lente d'abord,

(1) Doneau, l. XXI, ch. X, § 21. — Pereslus, *Ad Cod.*, II, 38.
(2) L. 13, pr., et L. 29, § 2, *De min*, D., IV, 4.
(3) L. 39, § 6, *De proc.*, D., III, 3; L. 39, pr., *De min*, D., IV, 4.; L. 39, pr., *De evict.*, D., XXI, 2.
(4) L. 27, § 1, *De min.*, D., IV, 4; L. 9, § 4, *De jurej.*, D., XII, 2

se fait surtout remarquer sous le règne de Dioclétien et de Maximien. En l'année 294 ces empereurs invitent les gouverneurs des provinces à connaître eux-mêmes de toutes les affaires, à moins qu'ils ne puissent y suffire; et, quelques années plus tard, en l'an 322, la révolution est accomplie; l'empereur Constance abolit toutes les formules : « Juris formulæ aucupatione syllaborum insidiantes cunctorum actibus, radicitus amputentur (1). » Dès lors il n'y a plus que des *cognitiones extraordinariæ*.

La réparation du préjudice souffert qui est le but de l'*in integrum restitutio* peut, d'après les circonstances, être atteinte de deux manières différentes : parfois le decret du préteur rendu sur la *cognitio* consomme la restitution; parfois aussi son decret ne fait que rendre possible l'exercice d'une action ou d'une exception devant donner pleine satisfaction à la partie lésée. Pour distinguer chacun de ces résultats dont l'ensemble peut amener une restitution complète, les auteurs ont employé les expressions de *judicium rescindens* et de *judicium rescissorium*. La *judicium rescindens* est la *prætaria cognitio* qui permet l'usage du moyen de droit perdu, le *judicium rescissorium* est l'instance rendue possible par la restitution (2). Ulpien semble indiquer clairement ces deux procédures quand il dit : « Et hoc vel cognitione prætoria, vel rescissa alienatione dato in rem judicio (3) ». De Savigny pense que tant que subsista l'*ordo judiciorum* on admit la nécessité de cette double procédure, à moins qu'un motif grave ne

(1) L. 1, *De form.*, C., II, 58.
(2) A. Faber, C., liv. 3, tit. 7, *Def.*, 3, et *Decad.*, 7, *Err.* 1, § 6.
(3) L. 43, § 4, *De min.*, D., IV, 4.

permit et ne recommandât une autre marche (1). Il faut avouer cependant que cette théorie n'est pas sans adversaires (2).

§ 3. — *Des effets.*

La restitution n'anéantit pas seulement les conséquences dommageables du fait juridique dont le mineur se plaint, mais elle amène le rétablissement complet de l'état de choses antérieur, en faisait considérer, à l'égard de toutes les parties, comme non avenus les actes qui ont eu lieu et les effets qu'ils ont légalement produits. « Restitutio autem ita facienda est ut unusquisque in integrum jus suum recipiat » (3). Car si l'équité demande que le mineur ne souffre aucun préjudice, elle exige aussi impérieusement qu'il ne retire pas un bénéfice injuste de la restitution. « Qui restituitur in integrum sicut in damno morari non debet, ita nec in lucro (4). » Nous trouvons cependant au Digeste un texte emprunté à Celse qui peut sembler contraire à cette doctrine. « Cum minor, dit le jurisconsulte, quam quinque et viginti annis adversus eum cum quo tutelæ egit, restituitur, non ideo tutori contrarium tutelæ judicium restituendum est (5). » Mais il faut observer qu'il y a ici deux actions différentes et n'ayant entre elles rien de commun, si bien que l'une peut exister sans l'autre : « hanc actio-

---

(1) De Savigny, *Dr. Rom.*, § 337.
(2) Voir sur ce point : Voët, § 21, IV, 1 ; Bacchovius, *Tract. de act.*, 3, th. 29 ; Vinnius, *Ad* § 5, Inst., *De act.*, n° 5.
(3) L. 21, § 4, *De min.*, D., IV, 4.
(4) L. unique, *De reputat.*, C., II, 18.
(5) L. 28, *De min.*, D., IV, 4.

nem dandam placet et si tutelæ judicio non agatur (1). »
Il n'est donc pas étonnant que le jugement sur l'action
contraire subsiste avec tous ses effets alors même que
le magistrat restitue le mineur contre l'action directe.
Mais il en est différemment toutes les fois qu'il exite une
connexité entre les deux actions et que l'acte ne peut
être rescindé dans la personne de l'un et subsister dans
la personne de l'autre.

Quand la restitution porte sur un acte simple, les
principes généraux suffisent pour déterminer les conséquences de cette rescision. Si elle se borne à créer un
titre de créancier, à ordonner la remise d'une chose
livrée, l'ayant droit est assimilé à celui qui possède une
action ordinaire (2). Mais bien souvent, à cause des faits
multiples et des prestations réciproques qu'a pu produire le fait juridique contre lequel on sollicite la restitution, le règlement des charges et des avantages
pour chacune des parties est plus difficile et plus com-
pliqué. C'est là un point que quelques exemples que
nous trouvons disseminés dans les textes metront en
lumière.

La restitution fait disparaître la novation désavantageuse et l'acceptilation préjudiciable, en rendant
au créancier imprudent, contre l'ancien débiteur,
son action avec ses garanties et ses sûretés origi-
nelles (3).

Si un mineur a fait un emprunt et s'il perd ou s'il dissipe
la somme reçue, la restitution le dispensera de la rendre;

(1) L. 1, § 8, *De contr. tut. et ut. act.*, D., XXVII, 4.
(2) L. 24, § 3; L. 27, § 1, *De min.*, D., IV, 4.
(3) L. 27, §§ 2 et 3, *De min.*, D., 4.

s'il l'a remise à un débiteur insolvable, il ne sera tenu qu'à subroger son prêteur à son action contre ce débiteur; s'il a employé cette somme à une acquisition désavantageuse, la vente sera résolue, le vendeur reprendra sa chose et rendra le prix, « *ita ut sine alterius damno etiam creditor a juvene suum consequatur* (1). »

Quand le mineur s'est chargé de la dette d'un tiers, la restitution le libère de cet engagement. Mais elle n'anéantit que le fait juridique qui a rendu le mineur débiteur, elle laisse subsister la dette. Le créancier recouvrera donc son action primitive avec ses garanties ou ses restrictions, telle, en un mot, qu'elle se comportait au jour de l'engagement pris par le mineur. Elle renaîtra prescriptible par dix jours, dit le jurisconsulte, si, à cette époque, la prescription devait s'accomplir dans ce délai (2).

Si le mineur se plaint d'avoir été lésé dans une transaction, la restitution qu'il obtiendra fera revivre, *ex antiqua causa*, pour chacune des parties, les actions ou prétentions qu'elle avait abandonnées (3). Mais dans un jugement dont le dispositif est divisible et contient des clauses indépendantes, celles que n'atteint pas expressément la restitution restent entières (4).

Si le mineur a été lésé dans une vente, le préteur ordonnera à l'acheteur de rendre la chose vendue et les fruits produits dans l'intervalle, et le mineur, de son côté, sera tenu de restituer le prix reçu, les intérêts dont il aura profité, et les dépenses nécessaires ou utiles que l'a-

(1) L. 27, § 1, *De min.*, D., IV, 4.
(2) L. 50, *De min.*, D., IV, 4.
(3) L. 1 et 2, *Si adv. trans.*, C., II, 32.
(4) L. 29, § 1, *De min.*, D., IV, 4.

cheteur aura pu faire (1). Si cependant le mineur avait dissipé en pure perte le prix reçu, il serait dispensé de le rendre, car l'acheteur peut se reprocher d'avoir été trop confiant. Il serait au contraire obligé d'en tenir compte si l'acheteur n'avait payé que sur un ordre du juge (2). On peut donc remarquer avec de Savigny qu'il y a ici deux restitutions, l'une contre la vente, l'autre contre la réception du prix (3).

Il en est de même en cas de *datio in solutum*. Enfin si c'est le mineur qui a acheté, il recevra le prix et les intérêts en restituant la chose et ses fruits (4). Par ce qui précède, il est facile de déterminer les obligations de chacune des parties, s'il s'agit d'un échange avec ou sans soulte.

Le mineur qui renonce à une succession cesse d'être héritier, et il ne pourra plus le devenir : « nam prætor heredes facere non potest. » Cependant la restitution, tout en laissant le titre d'héritier à celui qui aura fait adition, donnera au mineur les droits qu'il aurait eus, et le soumettra à toutes les obligations dont il aurait été tenu s'il n'avait pas renoncé (5). Mais il faut observer, avec Ulpien, que, d'après un rescrit de Sévère et d'Antonin, il devra respecter les actes légalement faits par l'héritier avant sa restitution (6). Dans le cas d'une acceptation de succession onéreuse, le mineur, par la restitution, ne cessera pas d'être héritier, mais il ne sera pas traité comme tel, la loi lui permet de s'abstenir. Il

(1) L. 29, § 1, *De min.*, D., IV, 4.
(2) L. 21, § 4; L. 27, § 1, *De min.*, D., IV, 4.
(3) De Savigny, *Dr. Rom.*, § 321.
(4) L. 27, § 1; L. 40, § 1, *De min.*, D., IV, 4.
(5) L. 7, § 10, *De min.*, D., IV, 4.
(6) L. 22, *De min.*, D., IV, 4.

rendra donc tout ce qu'il aura recueilli dans la succession : « Debat præstare si quid ex hereditate in rem ejus pervenit, nec periit per ætatis ejus imbecillitatem. » Celui donc qui est appelé à la place du mineur recueille tous les biens de la succession, mais il ne peut réclamer aucune indemnité du mineur pour les actes qu'il a faits avant la restitution (1). Toutefois il n'y a pas pour les cosuccessibles du mineur restitué accroissement *invito cum onere*, et s'ils ne sont pas tenus des legs acquittés par le mineur, ils ont la *condictio* contre les légataires (2).

Ces principes sont les mêmes, qu'il s'agisse d'une hérédité ou d'une *bonorum possessio* : « Idem et in Lonorum possessione vel alia successione. »

D'ordinaire les effets de la restitution sont restreints activement et passivement aux parties immédiatement en cause, cependant quelquefois ils s'étendent plus loin et atteignent jusqu'aux droits de certaines personnes qui n'ont pas contracté avec le mineur et qui n'ont retiré aucun profit de son fait. Nous savons quels sont ces effets vis-à-vis des débiteurs accessoires et du père du *filiusfamilias* restitué ; nous savons également que si de plusieurs communistes l'un obtient par restitution une servitude en faveur du fonds commun, elle profite à tous (3). De même si l'un des vendeurs d'un fonds indivis se fait restituer, la vente entière doit être rescindée au cas où l'acheteur n'eût pas acheté une partie

(1) L. 7, § 5; L. 22; L. 31, *De min.*, D., IV. 4.

(2) L. 5, *De cond. indeb.*, D., XII, 6; L. 61, *De acq. vel. om. her.*, D., XXIX, 2.

(3) L. 10, pr., *Quem serv. amit.*, D., VII. 6; Pothier, *Ad Pand., de min.*, § 66.

seulement de ce fonds (1). Il est d'autres cas encore où la restitution atteint les tiers. Ainsi elle est accordée contre le tiers n'ayant pas été partie au contrat s'il a su que le bien qu'il achetait avait été primitivement vendu par un mineur. Eût-il même ignoré cette circonstance, il aurait encore à craindre la restitution si le premier acheteur n'était pas solvable (2). Mais il est bien évident qu'en pareil cas le tiers possesseur qui doit rendre la chose a un recours en garantie contre son auteur (3). La même règle s'applique lorsque sur une condamnation les biens du mineur sont saisis et vendus. Si plus tard cette condamnation est annulée par une restitution, le mineur pourra réclamer de son adversaire le montant de la condamnation, il pourra même se faire rendre la chose si sa perte doit lui causer un trop grand préjudice (4).

Ces diverses hypothèses touchent à une question qui n'est pas exempte de difficultés, et qui, toujours importante et longtemps discutée, n'a jamais été bien résolue. Il s'agit de savoir si la restitution est *in rem* ou *in personam*, si elle s'exerce uniquement, comme dit de Savigny, contre des personnes déterminées, ou bien aussi contre des personnes indéterminées dont on ne pouvait prévoir la mise en cause à l'époque de la lésion (5). » Paul nous dit dans ses Sentences : « Integri restitutio aut in rem competit aut in personam (6). »

(1) L. 47, § 1, *De min.*, D., IV, 4.
(2) L. 13, § 1, L. 44, *De min.*, D., IV, 4.
(3) L. 45, *De min.*, D., IV, 4.
(4) L. 9, pr., *De min.*, D., IV, 4.
(5) De Savigny, *Dr. Rom.*, § 343.
(6) Paul, *Sent.*, I, 7, § 4.

Il est vrai que ce texte est soupçonné d'altération, mais il en est d'autres qui expriment la même idée; « Interdum autem, dit Ulpien dans son commentaire sur l'édit, restitutio et in rem datur minori (1). » En présence de ces texte et d'autres semblables, faut-il croire que l'action est donnée au gré du préteur tantôt *in rem*, tantôt *in personam* (2) ? Il est certain que les préteurs qui pouvaient substituer leur volonté à celle du droit civil, eurent dans le principe la plus grande latitude et accordèrent la restitution à peu près comme ils voulurent. Car leur pouvoir en cette matière n'avait d'autre limite que celle que lui imposait la courte durée de leurs fonctions, leur responsabilité morale devant le peuple, et la volonté des autres magistrats ayant le droit d'intervenir sur l'exécution de leurs décisions. Mais plus tard, quand cette institution, si vague dans le principe, se fut peu à peu organisée, quand elle se fut dépouillée de son caractère originaire qui l'abandonnait à l'arbitraire prétorien ; quand, sous l'influence de la jurisprudence et sous les efforts des jurisconsultes, ses conditions furent précisées et ses applications déterminées, il nous semble incontestable qu'on dût songer à préciser les cas où elle serait donnée *in rem* et les cas où elle serait donnée *in personam*. Faut-il admettre au contraire que la restitution *in personam* est la règle, et la restitution *in rem* l'exception ? Sans doute les termes dont se sert Ulpien pourraient nous amener à cette conclusion : « Interdum restitutio et in rem datur minori. » Mais cette interprétation est trop rigoureuse, d'autant qu'Ulpien dans ce texte ne nous

(1) L. 13, § 1, *De min*., D., IV, 4.
(2) Voir Burchardi, p. 416 et suiv.

présente que des exceptions au cas où la restitution est
demandée contre un contrat. On pourrait peut-être dire
qu'en règle générale, quand il s'agit d'un contrat, la
restitution est *in personam* et n'atteint les tiers que par
exception ; mais qu'elle est *in rem* toutes les fois qu'elle
donne au bénéficiaire une qualité qui, de sa nature,
peut être opposée à des personnes diverses et indéterminées. C'est ainsi que la restitution contre une usucapion permet au bénéficiaire de se poser à l'égard de
tous comme propriétaire ; c'est ainsi encore que la
restitution contre la répudiation ou l'acceptation d'une
succession lui permet de se prévaloir de sa qualité
d'héritier à l'égard de tout le monde, ou de la repousser à l'égard de tous (1).

La restitution obtenue, l'obligation civile disparaît,
mais il reste toujours une obligation naturelle. Et en
effet, comme l'observe M. Machelard, il faut admettre
l'existence de cette obligation naturelle ou accuser d'inconséquence les jurisconsultes romains. A leurs yeux
le mineur qui contracte sans l'*auctoritas* du tuteur est
obligé naturellement, bien qu'il ne se soit pas enrichi (2). Pourquoi refuser la même capacité au mineur
qui se trouve dans une position analogue (3) ? La
preuve que l'obligation n'a pas disparu tout entière,
c'est que, comme nous l'avons démontré, les débiteurs
accessoires continuent à être obligés malgré la restitu-

(1) L, 17, pr.; L., 30, § 1, *Ex quib. caus. maj.*, D., IV, 6.

(2) L. 3, § 4, *De neg. gest.*, D., III, 5; L. 21, pr., *Ad. leg. Falc.*,
D., XXXV, 2. L. 127, *De verb. obl.*, D., XLV, 1; L. 25, § 1, *De
nov. et de leg.*, D., XLVI, 2; L. 95, § 1 et 4, *De sol. et lib.*, D.,
XLVI, 3.

(3) Machelard, *Obl. nat.*, 1re partie, § 2 art. 4.

tion. Cette obligation naturelle du mineur a tous les effets attachés à l'obligation naturelle du pupille. On ne pourra pas la lui opposer par voie de compensation, de rétention, d'exception ; mais si, après sa majorité, le débiteur, appréciant dans sa conscience la validité de son engagement, pense qu'il est de son devoir de l'exécuter, il y aura un motif suffisant pour autoriser le payement, la ratification, la novation, et ces actes ne pourront jamais être considérés comme sans cause ou comme constituant une libéralité.

CHAPITRE IV.

DE L'EXTINCTION DU DROIT.

Après avoir étudié la nature de la restitution, ses applications, ses effets, il nous reste à jeter un rapide coup d'œil sur ses causes d'extinction.

Le droit à la restitution peut se perdre par le désistement et la prescription (1). Le désistement peut être exprès ou tacite : c'est dans tous les cas une adhésion à l'état de droit dont on pourrait se plaindre. Le désistement ne peut résulter que d'une manifestation de la volonté. Le désistement exprès, à part la question de validité, n'offre pas de difficultés. Mais il n'en est pas de même du désistement tacite, c'est-à-dire de celui qui se présume des circonstances; il peut être l'objet de nombreuses contestations de fait. Et, en effet, quels sont les actes dont on pourra légitimement conclure à un désistement? Il est bien difficile et il peut être dangereux de poser des principes en cette matière toute d'appréciation, surtout quand on se trouve en présence de textes qui dans des situations identiques paraissent donner des solutions différentes, et quand on voit les jurisconsultes en contradiction avec eux-mêmes. L'approbation donnée à l'acte fait perdre le droit de l'attaquer (2). Il faut attribuer la même force à tout fait qui serait en contradiction avec une demande en resti-

(1) L. 3, § 1; L. 20, § 1, *De min.*, D., IV, 4; L. 7, pr., *De temp. in integr. rest.*, C., 2, 52; L. 3, *Si maj. fact.*, C., V, 74; L. 6, *De rep. vel. abst. her.*, C., VI, 31.
(2) L. 3, § 1, *De min.*, D., IV, 4.

tution. Aussi, d'après Ulpien, le mineur qui sollicite la restitution pour obtenir la *bonorum possessio contra tabulas*, verra sa demande repoussée si, depuis sa majorité, il a réclamé un legs en vertu du même testament. Il a ainsi approuvé la validité de cet acte (1).

Mais ailleurs le même jurisconsulte semble donner une décision contraire. « Si un fils de famille, dit-il, s'est immiscé dans l'hérédité parternelle et qu'après sa majorité il poursuive les débiteurs de l'hérédité, il pourra néanmoins se faire restituer (2). » Peut-être, peut-on concilier ces deux textes en observant avec Irnérius que les poursuites de l'héritier ayant atteint sa majorité doivent être considérées plutôt comme une conséquence que comme une ratification de son acceptation. Et en effet, dès l'instant où il s'est immiscé, il a dû poursuivre les débiteurs.

La restitution ne sera pas possible non plus contre le jugement rendu depuis la majorité bien que le procès ait été engagé pendant la minorité, à moins toutefois que l'adversaire par des manœuvres déloyales n'ait fait traîner l'instance en longueur et différer la sentence (3). On peut voir en effet une ratification dans la continuation de la procédure. Et si le jurisconsulte fait une exception, c'est que peut-être il ne veut pas que ces manœuvres blâmables profitent à leur auteur. Peut-être suppose-t-il encore que, majeur depuis peu, le plaideur condamné n'a pas pu par la déloyauté de son adversaire soupçonner l'éventualité d'une condamnation et se prémunir contre elle.

(1) L. 30, *De min.*, D., IV, 4.
(2) L. 3, § 2, *De min.*, D., IV, 4, et les notes de Godefroy.
(3) L. 3, § 1, *De min.*, D., IV, 4.

Si on peut considérer chacun de ces faits comme un désistement, il n'en est pas de même d'une interruption dans la marche d'une procédure. Le législateur s'en est expliqué clairement, et nous trouvons au Digeste un texte formel : « Destitisse autem is videtur, non qui distulit, sed qui liti renuntiavit in totum (1). »

Comme règle générale, il faut ici remarquer qu'on ne peut renoncer au droit de restitution que quand la cause en est disparue. Ainsi le mineur ne peut l'abandonner valablement en se désistant d'une demande formée, ou en ratifiant l'acte menacé que lorsqu'il a atteint sa majorité, autrement la renonciation serait elle-même sujette à restitution comme l'acte primitif.

En introduisant la restitution dans leurs édits, les préteurs, pour ne pas jeter le trouble dans les transactions et l'incertitude dans les droits, durent limiter le temps pendant lequel les mineurs pourraient la demander. S'ils ont laissé passer les délais légaux, ils ne pourront plus l'obtenir même, comme moyen d'exception, pour se défendre contre une action, et en cela cette prescription diffère de celle des actions ordinaires qui n'atteint pas les exceptions proprement dites (2). Bartole explique cette bizarrerie en disant que si la prescription n'éteint pas les exceptions, elle peut au moins les empêcher de naître.

La prescription n'est en réalité qu'une ratification tacite et présumée; par conséquent elle ne doit commencer à courir que du jour où a cessé le motif qui donnait le droit d'attaquer le fait accompli, c'est-à-dire du

---

(1) L. 21, *De min*, D., IV, 4.
(2) L. 9, § 4, *De jurej.*, D., XII, 2.

jour de la majorité ou de l'obtention de la *venia œtatis* (1). Mais il est bien évident que le mineur peut agir même avant sa majorité (2).

Si l'ayant droit meurt avant d'avoir atteint sa majorité, la prescription commence à courir contre son héritier du jour de l'adition ou de l'acceptation de la *bonorum possessio;* s'il était majeur, mais encore dans les délais, l'héritier n'a plus que le temps qui restait à son auteur. Mais, dans tous les cas, si cet héritier est mineur la prescription est suspendue jusqu'à sa majorité (3).

La prescription court alors même que l'ayant droit n'a pas eu connaissance de la lésion, la loi en effet n'admet pas la possibilité de cette ignorance. On peut cependant élever quelques doutes sur ce point. Cette prescription était d'abord d'un an utile; pour la calculer on comptait seulement les jours pendant lesquels on pouvait agir, on retranchait les autres. Or, n'est-il pas de toute évidence qu'il y a impossibilité d'agir pour celui qui ignore la violation de son droit? A cet objection il est facile de répondre. Tout homme à sa majorité doit prendre connaissance de ses affaires, afin de voir les préjudices qu'il a pu souffrir et d'essayer d'y porter remède. On a cru que pour cela il suffisait de quatre ans. Celui qui dans ce délai n'a pas découvert le préjudice souffert est considéré comme négligent et par suite il encourt la prescription. D'ailleurs il y aurait là une question de fait toujours bien douteuse, et

(1) L. 5 et 7, *De temp. in integr.*, C., II, 53.
(2) L. 5, § 1, *De in int. rest.*, C., IV, 22.
(3) L. 19, *De min.*, D., IV, 4 ; L. 5, *De temp. in integr.*, C., II. 53.

en faire dépendre le point de départ des délais, ce serait aller ouvertement contre le but de la prescription qui n'a été introduite dans les lois que pour éviter l'incertitude du droit. C'est ce que dit Justinien à propos de la *præscriptio longi temporis* : « Nulla scientia vel ignorantia spectanda, ne altera dubitationis inextricabilis oriatur occasio (1). » De plus, nous trouvons dans les textes plusieurs cas où le temps utile court malgré l'ignorance du droit. C'est ainsi, par exemple, que l'action rédhibitoire se prescrit du jour de la vente (2).

Ce délai de déchéance appelé *legitimum tempus*, sans doute parce qu'il était emprunté à la loi *Plætoria*, fut d'abord court comme toutes les prescriptions. Il était d'une année utile, *annus utilis* (3). Constantin le porte à cinq ans continus (4). A son tour Justinien modifie sur cette matière la législation de ses prédécesseurs, et cette prescription est de quatre ans continus. Toutefois elle peut être plus longue dans certains cas. Ainsi contre les mineurs qui ont obtenu la *venia ætatis* elle ne peut pas être acquise avant leur vingt-cinquième année (5). Ce délai s'accroît même de trois ans dans l'hypothèse où il s'agit d'accepter l'hérédité paternelle d'abord dédaignée ; et les ventes de fonds ruraux ou suburbains non précédées d'un décret sont attaquables cinq ans après la majorité (6).

(1) L. 12, in fine, *De præscrip. l. temp.*, C., VII, 33.
(2) L. 19, § 6, *De ædict. edit.*, D., XXI, 1 ; L. 15, §§ 4 et 5, *Quod vi aut clam*, D. XLIII, 24 ; L. 8, *De dolo malo*, C., II, 21.
(3) L. 19, *De min.*, D., IV, 4.
(4) Code Théod., L., 12, II, 16.
(5) L. 7, pr., *De temp. in integr.*, C., II, 53 ; L. 5, pr. eod. tit.
(6) L. 6, *De rep. vel. abst. her.*, C., VI, 31 ; L. 3, *Si maj. fact.* C., V, 74.

Par une singulière préoccupation, l'empereur décide expressément que l'instance en restitution doit être commencée et terminée, à peine de déchéance, sauf s'il y a faute de l'adversaire, dans le délai de la prescription (1). Cette règle, contraire au principe que la *litis contestatio* rend perpétuelles les actions temporaires, paraît empruntée aux lois de Constantin et même les anciens jurisconsultes semblent en admettre le principe (2).

La restitution obtenue fait revivre les actions et les exceptions éteintes. La prescription dont il s'agit ne porte pas sur ces actions ou exceptions, elle n'a d'effet que sur ce que les interprètes ont appelé le *judicium rescindens*. Les actions et les exceptions rendues restent soumises au droit commun et elles se perdent tantôt par une prescription, tantôt par une autre. Cette prescription peut être plus longue ou plus courte que celle qui enlève le droit de demander la restitution; mais dans tous les cas elle ne peut commencer à courir que depuis la restitution obtenue, car l'action primitivement éteinte n'existe que de cette époque. Cependant quelques auteurs soumettent aussi, mais à tort, à la prescription de quatre ans le *judicim rescissorium*, c'est-à-dire l'instance rendue possible par la restitution (3).

Telle est, bien brièvement exposée, la théorie de cette institution prétorienne qui est venue se greffer sur le droit civil et qui a déposé dans la législation romaine ces grands principes d'équité. Les préteurs

____

(1) L. 6, *De temp. in integr.*, C., II, 53.
(2) Code Théod., L. 2, II, 16; L. 4, X, 4: L. 39, *De min.*, D., IV, 4.
(3) Burchardi, p. 507 et 508.

ont considéré la seule lésion comme étant une cause de rescision de tout acte à l'égard des mineurs, et ils ont compris que le vœu de la nature, comme dit Cicéron, est que personne ne cherche à lever tribut sur l'ignorance d'autrui, « hoc secundum naturam esse, neminem id agere ut ex alterius prædetur inscientia (1). » Les jurisconsultes et les empereurs continuent à marcher dans la voie qui leur a été tracée et bientôt la lésion est admise comme cause de rescision à l'égard de toute personne dans certains actes, parce qu'il n'est pas juste que le riche opprime le pauvre, qu'on abuse outre mesure des besoins d'autrui.

La lésion ainsi considérée doit être l'objet de la seconde partie de cette étude.

(1) Cicéron, *De off.*, III, 17.

DEUXIÈME PARTIE.

DE LA LÉSION A L'ÉGARD DE CERTAINS ACTES

Jamais les Romains n'ont admis que la lésion pût être une cause de rescision pour les personnes majeures de vingt-cinq ans. Cependant nous trouvons déjà à l'époque classique quelques traces de rescision pour cause de lésion à l'égard de ces personnes. D'après Ulpien, la femme qui en matière de dot souffre d'une estimation erronée peut la faire corriger (1). Un rescrit de Dioclétien accorde le même droit au mari (2). Mais ce n'est là que la timide manifestation d'un principe qui ne doit pas tarder à jeter dans le droit de plus profondes racines.

Les empereurs Dioclétien et Maximien autorisent le vendeur qui n'a pas reçu la moitié de la valeur de la chose à poursuivre la rescision du contrat de vente. Ce rescrit adressé à un certain Lupus n'a pas la force d'une règle générale, il présente au contraire un caractère tout personnel. C'est là peut-être ce qui explique cette

(1) L. 12, § 1, *De jure dot.*, D., XXIII, 3.
(2) L. 6, *Soluto matr.*, C., V. 18.

fâcheuse concision qui laisse le champ ouvert à mille controverses (1).

Plusieurs textes du Digeste ont fait penser que l'action en rescision pour cause de lésion n'était pas complétement inconnue avant Dioclétien (2). Mulhenbrüch dit positivement à ce sujet : « Cum jam olim obtinuisset ut propter nimiam inter pretium et mercedem inæqualitatem, judicis arbitrio aut rescinderetur emtio aut alio modo corrigeretur iniquitas, postea tamen certior comprobata est ratio duobus Impp. Diocl. et Max. rescriptis. . . . (3) » Dans cette opinion les deux empereurs n'ont eu que le mérite de réglementer très-incomplétement cette action. Nous croirions plus volontiers avec Doneau que ce rescrit a été une innovation (4). Nous ne trouvons au Digeste aucun texte qui prouve le contraire, ceux qu'on invoque nous paraissent même insuffisants pour donner une probabilité. Si cette action rescisoire eût existé avant Dioclétien, quelle serait l'utilité de son rescrit qui ne fait que poser un principe dont les empereurs ne paraissent pas avoir soupçonné l'importance et la difficulté ?

L'omission de cette constitution dans le Code Théodosien a fait croire que ses dispositions ont été abrogées, mais son insertion dans le Code de Justinien les a remises en vigueur.

Pour bien saisir une loi, il faut en rechercher les mo-

---

(1) L. 2, *De resc. vend.*, C., IV, 44.

(2) L. 2, *Depos. vel cont.*, D., XVI, 2; L. 79, *Pro. soc.*, D., XVII, 2; L. 12, § 1, *De jure dot.*, D., XXIII, 3.

(3) Mulhenbrüch, *Doct. Pand.*, III. § 628. n° 3; Gluck, t. 17, p. 28.

(4) Doneau, *Cod.*, liv. IV. tit. 64.

tifs. Ici c'est une pensée d'humanité qui a dirigé le législateur, il nous le dit lui-même. Mais quelle est au juste cette pensée? Quel danger cette loi a-t-elle voulu prévenir, quelles personnes a-t-elle voulu protéger? Bien souvent, par suite d'une position fausse et gênée, ne lui laissant pas son entière liberté, le vendeur est obligé de subir la loi de l'acheteur. Il y a là une espèce de violence exercée sur lui par les circonstances, et c'est probablement pour cela que le législateur a admis la rescision du contrat. Aussi la loi, quoi qu'en dise Vinnius (1), n'exige pas qu'il y ait eu erreur sur la vraie valeur de la chose vendue, il suffit que la vente ait été faite à vil prix, eût-elle eu lieu en parfaite connaissance de cause. Cette constitution, et c'est important à observer, a introduit dans le droit une règle exceptionnelle et rigoureuse, il faudra donc s'en tenir à ses termes et ne pas l'étendre en dehors des cas qu'elle prévoit. Ces diverses considérations peuvent jeter quelque jour sur les nombreuses controverses qu'elle soulève.

Le rescrit de Dioclétien s'applique expressément et uniquement à la vente : « Si tu vel pater tuus minoris distraxerit. » Mais l'impossibilité de déterminer la quotité de la lésion fait qu'il n'y a pas lieu à la rescision dans les ventes où le prix est incertain. Quant à celles qui sont faites *sub hasta publica*, il est probable qu'elles n'étaient pas rescindables pour cause de lésion à l'époque de Dioclétien. On peut en voir la preuve dans un rescrit de ce prince décidant que les créanciers qui auraient gardé le silence en présence de la vente faite par le fisc du fonds garantissant leur créance perdraient leur

---

(1) Vinnius, *Select. quæst.*, lib. I. cap. 56.

action : « nam fiscalis hastæ fides facile convelli non debet(1). » Mais nous inclinons à croire que plus tard ces ventes purent, comme les autres, être rescindées pour cause de lésion. Cela nous semble résulter d'une constitution des empereurs Valentinien, Théodose et Arcadius. Cette constitution en effet exigeant certaines garanties dans l'intérêt du débiteur dit : « Rei qualitas et redituum quantitas æstimetur; nec sub nomine subhastationis publicæ locus fraudibus relinquatur ut possessionibus viliore pretio distractis, plus exactor ex gratia quam debitor ex pretio consequatur (2). » Toutes les lois où il s'agit de rescision pour cause de lésion ne parlent que des fonds, elles écartent ainsi la rescision en matière de vente de meubles (3). On objecte, il est vrai, les premiers mots du rescrit de Dioclétien où il est question de *res*, terme assurément bien général qui comprend les meubles et les immeubles. Mais les empereurs dans la fin de cette loi et dans toutes les autres indiquent qu'il n'est question que de la vente d'un fonds et, quoi qu'on en dise, il est difficile d'admettre que cette détermination n'est qu'à titre d'exemple (4).

Faut-il avec quelques auteurs appliquer le rescrit de Dioclétien aux autres contrats de bonne foi, au louage, à l'échange (5)? Sans doute le louage et l'échange ont plus d'un rapport avec la vente (6); toutefois ce n'est

(1) L. 8, *De remis pig.*, C., VIII, 26.
(2) L. 16, *De resc. vend.*, C. IV, 44.
(3) L. 2. 8, 15, *De resc. vend.*, C., IV, 44.
(4) Cujas, *Obst.*, XVI, cap. 18.
(5) Thibaut. *Syst.*, § 197, n. h.: Pinellus. Larrea.
(6) L. 2. *Loc. cond.*, D., XIV. 2: L. 2. *De præscrip. verb.*, D., XIX. 5.

pas là un motif suffisant pour leur appliquer le même droit, d'autant qu'il n'y a pas les mêmes raisons et qu'en présence d'une règle exceptionnelle nous devons rester dans les termes précis de la loi et ne pas l'étendre à des cas qu'elle n'a pas prévus. Cependant nous trouvons au Code un texte qui paraît appliquer la rescision pour lésion au partage (1), et il serait difficile, de penser, en présence de cette loi émanant elle aussi des empereurs Dioclétien et Maximien que le partage n'ait pas été mis sur la même ligne que la vente. Mais nous n'irons pas plus loin et nous ne comprenons pas comment on pourrait étendre la rescision pour cause de lésion à l'échange et au louage, malgré leurs rapports avec la vente.

Qui peut demander la rescision de la vente? Pothier en invoquant le texte des lois 2 et 8 enseigne que ce droit appartient seulement au mineur et à celui qui a vendu le fonds d'un mineur. Il est difficile d'admettre cette doctrine à moins de soutenir, et l'histoire des progrès du droit s'y oppose, que Dioclétien a voulu limiter en matière de vente la protection que le mineur trouvait déjà dans la restitution. Pourquoi cet empereur aurait-il exigé ici une lésion d'outre moitié, tandis qu'une simple lésion continue à suffire pour se faire restituer contre d'autres contrats moins importants? De nombreux interprètes accordent le droit de demander la rescision à celle des deux parties qui a été lésée, à l'acheteur comme au vendeur (2). A l'appui de leur opinion ils invoquent plusieurs arguments. Dans la vente, les prestations sont réciproques et mutuelles; il s'agit

(1) L. 3, *Com.*, *div.*, C. III, 38.
(2) Pothier. *Pand.*, n. 373. Peresius. Glück, t. 17, p. 27.

d'un contrat de bonne foi et il ne peut y avoir d'inégalité entre les deux parties ; la loi défend le mensonge
et la fraude au vendeur comme à l'acheteur. Il est facile
de répondre. Si dans la vente les prestations sont mutuelles, elles sont diverses ; l'acheteur est obligé de
payer le prix et de transférer la propriété des écus :
« Emptor autem nummos venditoris facere cogitur (1). »
Le vendeur, lui, au contraire n'est pas tenu de transférer
la propriété ; il est seulement obligé « ut rem emptori
habere liceat, non etiam ut ejus faciat (2). » La loi
d'ailleurs ne parle que du vendeur, et, comme le dit
Warnkœnig, il ne faut pas étendre les dispositions des
lois à des personnes qui n'y sont point nommées, y eût-
il les mêmes raisons en leur faveur (3). De plus, selon
l'observation de Cujas et de Faber, les conditions sont
bien différentes ; un acheteur n'est jamais forcé d'acheter, et il peut y avoir pour lui un prix d'affection et de
convenance qu'il est impossible de déterminer.

Pour que la rescision soit possible il faut, comme la
loi nous le dit expressément, deux conditions : 1° qu'il
y ait lésion au-delà de la moitié du juste prix : « Minus autem pretium esse videtur si nec dimidia pars
veri pretii soluta sit ; » 2° qu'il s'agisse d'une chose
de prix. Il est vrai que les mots *rem majoris pretii* peuvent être mis dans le texte par opposition aux mots *minoris distraxerit*, mais l'interprétation contraire est
plus conforme au caractère de la rescision. Le vrai
prix de la chose vendue a pu varier, et pour le déter-

(1) L. 11, § 2, *De act. empt. et vend.*, D. XIX, 1.
(2) L. 30, § 1, *De act. empt. et vend.*, D. XIX, 1 ; Merillus sur
Cujas, l. II, c. 5.
(3) Warnkœnig, *Com. j. R. priv.*

miner, il faudra s'attacher au moment de la vente, « tempore venditionis », car le contrat est né entaché du vice qui doit faire prononcer sa rescision. La valeur du fonds sera déterminée par sa nature, sa fertilité, son étendue et la qualité des fruits qu'il produit. S'il s'agit d'une vente déjà ancienne et qu'on ne puisse établir la valeur du fonds à cette époque, on estimera sa valeur actuelle, et celle des parties qui se plaindrait d'un changement survenu depuis dans cette valeur devrait en faire la preuve.

Mais comment le vendeur obtiendra-t-il la rescision de la vente? Par quelle action pourra-t-il agir? C'est là encore un point vivement controversé. L'*in integrum restitutio*, d'après les uns, l'*actio venditi*, d'après les autres, est le moyen de sanction. La revendication n'est pas possible, car le contrat n'est pas résolu, et c'est à tort que Pothier admet une *actio in rem utilis*. L'intérêt de la question est grand. La restitution se prescrit par quatre ans, tandis que l'*actio in personam* dure trente ans. C'est une raison d'équité, dit-on, qui a fait admettre la rescision de la vente contre la convention des parties et le droit commun; il n'y a donc de possible que la restitution. Comment, en effet, accorder l'*actio venditi* qui permet au vendeur de poursuivre judiciairement l'exécution des obligations résultant du contrat, puisque l'idée de rescision n'est entrée en rien dans la convention? Dailleurs ne serait-il pas au moins étrange de poursuivre la rescision du contrat par l'*actio venditi* qui a été donnée au vendeur pour contraindre son adversaire à l'exécution? Ne peut-on pas aussi, raisonnant par analogie, repousser l'*actio venditi* en se fondant sur ce que la rescision n'est pas obtenue par cette action dans un cas analogue, celui où la vente a été contractée sous l'empire de la crainte (1)?

Malgré ce que ces arguments peuvent avoir de séduisant, il nous semble que la restitution est ici impossible et que le vendeur devra agir par l'*actio venditi*. Les cas où la restitution est accordée aux majeurs sont limitativement déterminés, et le vendeur, nous le supposons du moins, ne se trouve pas dans l'un de ces cas. Il aura donc nécessairement l'*actio venditi*. La vente est un contrat bonæ fidei, le vendeur pourra par l'*actio venditi* obtenir de l'acheteur, même sans convention, tout ce qui est conforme à l'usage : « ea enim quæ sunt moris et consuetudinis, in bonæ fidei judicis debent venire (2). » Ce n'est pas le seul cas ou l'*actio venditi* amène la rescision de la vente. Ainsi l'*actio venditi* est expressément accordée pour le cas où il aurait été convenu que l'arrivée d'une condition déterminée ferait considérer la vente comme non avenue (3). L'édit des édiles fournit encore à cette opinion un puissant argument. Quand un animal atteint de quelque vice a été vendu, l'acheteur peut faire rescinder la vente par l'*actio redhibitoria* qui est une nuance de l'*Actio empti* : « Redhibitionem quoque contineri empti judicio, dit Ulpien, et Labeo et Sabinus putant et nos comprobamus (4). « De plus, un texte dû aux mêmes empereurs qui ont introduit dans les lois romaines la rescision de la vente pour cause

<hr>

(1) L. 4, *De his quæ vi metusve*, C., II, 20.
(2) L. 30, § 20, *De æd. ed.*, D., XXI, 1.
(3) L. 6, § 1, *Mand. vel. contr.*, D., XVII, 1.
(4) L. 11, § 3, *De æd. ed.*, D., XXI, 1.

de lésion, prouve suffisamment que le vendeur doit agir par l'*actio venditi* : « Venditi actio, si non ab initio aliud convenit, non facile ad rescindendam perfectam emptionem, sed ad pretium exigendum competit (1). »

L'action du vendeur a pour but le recouvrement de la chose, cela résulte assez clairement des termes de la loi. Mais l'acheteur n'est pas obligé d'accepter la rescision du contrat, il peut fournir le supplément du juste prix : « Humanum est ut vel pretium te restituente emptoribus fundum venundatum recipias, vel si emptor elegerit quod deest justo pretio recipias. » Que faut-il entendre par ces mots *justum pretium* ? Signifient-ils que l'acheteur devra donner la valeur de la chose ou seulement la moitié de cette valeur ? Si lors du contrat l'acheteur avait payé la moitié du prix vrai, la vente serait valable et ne pourrait pas être rescindée ; l'acheteur doit donc pouvoir en offrant la moitié du vrai prix arrêter l'action du vendeur. Non. Il faut, croyons-nous, malgré cette observation, décider que l'acheteur ne pourra se dispenser de rendre le fonds objet de la vente qu'en payant non pas la moitié mais la totalité du juste prix. En effet, les textes prouvent suffisamment que les mots *justum pretium* et *verum pretium* sont employés indifféremment ; et, pour ne pas sortir de notre matière, qu'il nous suffise d'observer que la loi 8 de notre titre appelle *justum pretium* ce que la loi 2 appelle *verum pretium*. L'une dit : La vente ne peut être rescindée que si le fonds a été vendu « *minus dimidia justi pretii,* » et l'autre : « *Minus autem pretium esse videtur si nec dimidia pars veri pretii soluta sit.* » S'il ne paye pas

(1) L. 6, De act. empt. et vend., C., IV, 49.

le supplément du juste prix, l'acheteur devra rendre
le fonds et les fruits perçus. Plusieurs soutiennent
cependant qu'ayant couru des risques et étant de bonne
foi, il a fait les fruits siens. Mais ne peut-on pas raison-
ner par analogie de ce qui a lieu en matière d'action
rédhibitoire? Le vendeur devra restituer le prix reçu et
les intérêts du prix (1). L'acheteur pourra même être
poursuivi si à son tour il a vendu le fonds à un autre, et
il devra payer le supplément du juste prix ou fournir ce
qu'il a reçu, bien que la chose ait péri par la faute du
second acheteur (2).

Les hypothèques et servitudes concédées par l'acheteur ne seront pas révoquées (3). Quelques auteurs cependant soutiennent l'opinion contraire en s'appuyant
sur une décision de Scævola d'après laquelle le droit de
gage s'éteint s'il a pour objet un fonds vectigal qui a
été vendu pour défaut de payement des prestations
périodiques (4). D'autant, ajoutent-ils, qu'on ne peut
considérer comme volontaire de la part de l'acheteur
cette rescision qu'il subit, bien qu'il pût y échapper en
fournissant un supplément de prix (5). Nous préférons
cependant l'opinion contraire, car l'hypothèque ou la
servitude a été légalement établie par celui qui avait la
propriété pleine et absolue, et le contrat n'est pas éteint
ipso jure, mais il y a seulement rescision en faveur du
vendeur sur sa demande. On ne peut donc invoquer

(1) Warnkœnig, *Com. J. R.*, pr.; Arg., L. 22, § 1; L. 23, § 2;
L. 28, in fine, *Ex quib. caus. maj.*, D., IV, 6.

(2) Arg., L. 91, § 1, *De verb. obl.*, D., XLV, 1. — Peresius, *Ad
d. L. 2.*

(3) Warnkœnig, *Com. J. R. pr.*; Vinnius, *Select. quæst.*, II, c. 5.

(4) L. 31, *De pig. et hyp.*, D., XX, 1.

(5) Baldus, *In L.*, 2. n° 17, quæst. 13.

ici cette maxime que personne ne peut transférer plus
de droits qu'il n'en a. Ulpien, d'après Marcellus, décide
que si un fonds a été vendu sous cette condition « nisi
emptori displicuisset », le droit de gage subsistera, bien
que plus tard l'acheteur usant de cette faculté révoque
la vente (1). Pourquoi ne pas accepter la même doctrine dans notre hypothèse cependant bien plus favorable, puisque la vente a été faite purement et simplement, sans condition ? Pourquoi ne permettrions-nous
pas à l'acheteur de constituer valablement une hypothèque ou une servitude, nous surtout qui respectons
la vente qu'il aurait consentie ?

Le droit de demander la rescision de la vente s'é-
teint s'il y a perte par cas fortuit de la chose vendue,
à moins, dit Peresius, que l'acheteur ayant vendu avant
la perte n'ait retiré le juste prix, à moins encore que le
fonds n'ait péri alors que l'acheteur était en demeure,
ou par sa faute. La *culpa* de l'acheteur perpétue son
obligation (2).

On s'est demandé si le vendeur lésé peut renoncer au
bénéfice de la rescision. Plusieurs auteurs répondent
affirmativement, sauf le bénéfice de la restitution pour
les mineurs. Ils invoquent la règle générale reproduite
par divers textes, que chacun peut renoncer au bénéfice
introduit en sa faveur. Cette opinion, croyons-nous,
méconnaît le but essentiel du secours accordé au vendeur. En effet, la loi veut le protéger contre la fâcheuse
nécessité où il se trouve de consentir un contrat désa-

(1) L. 3, *Quib. mod. pign. sol.*, D., XX, 6.
(2) L. 5, § 2, *Com. vel. contr.*, D., XIII, 6; L. 82, § 1; L. 91, § 3,
De verb. obl., D. XLV, 1, L. 23, *De R. J.*, D. L, 17; Peresius, *Ad
d.*, L. 2.

vantageux. Or, s'il peut renoncer à cette protection bienfaisante par le contrat lui-même, la loi devient illusoire. Ajoutons que la renonciation elle-même se trouve entachée du même vice que la vente. Il est plus logique et plus conforme au résultat que la loi a voulu atteindre, de regarder la rescision comme une sorte de protection extraordinaire qu'on ne peut rejeter d'avance. La renonciation ne sera donc valable que quand elle interviendra postérieurement à la vente et alors que l'action en rescision aura pris naissance.

L'action en rescision s'éteindra aussi par la transaction et par la prescription. Cette prescription sera de trente ans, puisque nous avons admis que le vendeur devait agir par l'*actio venditi*.

DROIT ANCIEN ET INTERMÉDIAIRE.

CHAPITRE PREMIER.

DROIT ANCIEN.

A la suite de la civilisation latine, les principes du droit romain passent dans les Gaules; et si le nom du peuple-roi est effacé dans la politique par les conquérants barbares, sa législation survit grâce à la personnalité des lois. Elle pénètre même avec les capitulaires des princes francs dans les coutumes des peuples nouveaux. La fusion de ces divers éléments législatifs constitue un droit national, qui, lentement transformé par les ordonnances des rois et par la jurisprudence des parlements, présente, en ce qui touche notre sujet, quelques modifications saillantes aux principes du droit romain. Nous allons résumer bien brièvement, et seulement à titre de transition, la doctrine de nos anciens auteurs sur cette matière.

L'âge de la majorité varie avec les coutumes. La distinction des impubères et des mineurs de vingt-cinq ans si essentielle en droit romain s'est effacée. Il n'existe plus qu'une différence de mots. L'impubère a un tuteur et le mineur un curateur. Mais les fonctions et la responsabilité de ces deux personnages sont identiques : « Non facimus differentiam inter tutelam et curam, dit Dumoulin, sed durat tutela semel suscepta usque ad vigesimum quintum annum, nisi prius ex justa causa tutor sese exonerari faciat a judice (1). » Celui qui a été nommé tuteur comptable à des pupilles continue ordinairement son administration jusqu'à l'âge de vingt-cinq ans, quand il n'y a pas de raison pour la lui ôter, et que les mineurs ne sont pas mariés ou émancipés avant cet âge (2). Aussi les coutumes, tout en renfermant des différences d'âge sur la puberté, assimilent les deux institutions : « tutelle et curatelle n'est qu'un, » dit la coutume de Montargis (3).

Les mineurs sont émancipés par le mariage, ils peuvent aussi obtenir l'émancipation par lettre du prince. « Ces lettres se prennent en la chancellerie du palais et sont adressées au juge du domicile du mineur qui les a obtenues. Le mineur doit faire assigner devant le juge son tuteur et ses proches parents; et sur les témoignages que rend la famille, le juge ou intérine ces lettres si le mineur est jugé capable de gouverner et administrer son bien, ou il l'en déboute s'il le juge incapable (4). » Le mineur émancipé prend l'administration de ses biens, sans pouvoir les aliéner et à la charge de se

(1) Dumoulin, *De Usuris*, ch. 39, n° 300.
(2) Meslé, ch. II, n° 7.
(3) Montargis, ch. 7, art. 7; Nivernais, ch. 30, art. 259; Sens art. 159; Orléans, art. 182, 183; Berry, tit. 1, art. 27; Bretagne, art. 515; Lorraine, tit. 4, art. 11.
(4) Pothier, tit. VI, sect. IV, art. 5, *Des personnes*.

faire donner un curateur aux causes, *ad lites*. Ainsi ce que chez nous les légistes appellent émancipation n'est pas, comme l'émancipation romaine, l'affranchissement de la puissance paternelle. « Dans la pratique, nous dit Meslé, on a donné le nom d'émancipation à ce qui fait le sujet du titre au Code *De his qui veniam ætatis impetraverunt* (1). » Dans les pays de droit écrit, on considère le mineur qui a atteint l'âge de puberté comme capable d'administrer. Aussi les auteurs coutumiers remarquent que les mineurs se trouvent émancipés sans lettres dans les provinces du droit écrit.

Le mineur émancipé est capable des actes d'administration. Carondas rapporte qu'il n'est pas facilement admis à la restitution en chose mobilière (2). « De fait en chancellerie, dit Coquille, on n'octroie lettres de reliévement pour meubles *etiam* aux mineurs, ni même pour déception d'outre moitié (3). » Un arrêt du parlement de Provence refuse à un mineur la restitution contre l'achat d'un vieux mulet (4). Pothier va même plus loin et il décide que le mineur émancipé par mariage ou autrement peut donner entre-vifs des effets mobiliers, l'émancipation lui donnant le droit de disposer de ces sortes de choses (5). Cependant, « ce n'est pas tant la nature que l'importance des biens qui a servi de principe à la prohibition qu'il puisse aliéner (6). » Ainsi « le mineur ayant quatorze ans accomplis, non ayant cura-

----

(1) Meslé, ch. X, n° 4.
(2) Carondas, *Pand.*, t. II, ch. 4.
(3) Coquille, *Sur la cout. niv.*, ch. 33, art. 4.
(4) De Bezieux, l. VII, ch. 2, § 4, arrêt du 1er avril 1705.
(5) Pothier, *Tr. des donat.*, sect. 4.
(6) D'Aguesseau, II, p. 363.

teur peut contracter sur son meuble et bailler à louage au-dessous de dix ans. Mais s'il est déçu notablement par sa facilité, il sera restitué (1). » En général, on admet la distinction suivante : ou bien le mineur est pourvu d'un curateur, et alors les actes qu'il passe sans l'assistance de ce curateur sont nuls ; ou bien il n'a pas de curateur, ou en ayant un il procède avec lui, alors pour être restitué il doit être lésé.

En ce qui concerne les aliénations d'immeubles et héritage du mineur, c'est à peu près la même doctrine. Si le tuteur ou curateur aliène l'héritage sans l'avis des plus proches parents, décret et autorité de justice, le contrat est nul. D'Argentré enseigne qu'alors l'*in integrum restitutio* n'est pas même nécessaire : « sed nec de hac necessaria restitutio cum sine decreto facta est (2). » Basnage dit aussi qu'on peut se passer de lettres de rescision (3). Un auteur va même jusqu'à prétendre qu'en pareil cas « l'aquéreur est sans titre et sans aucun acte du mineur qui puisse devenir valable par le temps (4). » Si au contraire le mineur a vendu lui-même, il y a en réalité un fait volontaire de sa part, et la solution change. « En cas pour être le contract nul ou bien sujet à rescision, suffira d'obtenir lettre de simple rescision (5). » Enfin, si nous supposons toutes les formalités accomplies, le mineur doit, s'il est lésé, agir par la restitution : « Faudra que dans le temps ordonné de droict... obtienne lettres pour être receu appelant dudit

(1) Guy Coquille, *Inst.*, p. 120.
(2) D'Argentré, sur l'art. 431 de l'anc. cout.
(3) Basnag., sur l'art. 592.
(4) Meslé, ch. 40, n° 6.
(5) Papon, *Rest. des mineurs, troisième notaire.*

décret judiciel et des procédures sur lesquelles il aura été donné (1). »

Il n'y a donc aucun moyen pour éviter la réclamation du mineur s'il s'agit de ses immeubles. C'est que la loi fait grand cas de la propriété immobilière, elle la considère avec raison comme le fondement et la stabilité des familles. « La loi écoute toujours favorablement les justes prétentions d'un mineur qui demande à rentrer dans la possession de son bien, soit qu'il en ait été dépouillé par les artifices d'un tuteur infidèle, soit qu'il ait été surpris par les promesses d'un acquéreur, soit enfin qu'il ait été trahi par sa faiblesse ou par le peu d'étendue de ses lumières (2). » Domat ne s'exprime pas autrement : « Encore que le mineur ait été autorisé de son tuteur, dans l'acte dont il demande d'être relevé, la restitution ne laissera pas d'avoir son effet, quand le tuteur serait même le père du mineur chargé de ses biens. Et quoique ce fût un acte fait en justice, le mineur pourra être relevé s'il y a lieu (3). » — « La loi, dit Duplessis, accorde la restitution au mineur toutes les fois qu'il souffre quelque préjudice, soit par son fait, soit par le fait de son tuteur (4). » Bourjon n'est pas moins explicite (5), et on connaît ce mot de Henrys : « Vainement on aura observé les formalités, avis de parents, rapports d'expert, décret du magistrat ; tout cela n'empêche pas que le mineur puisse rentrer dans son bien, s'il trouve quelque lésion ; il n'y

---

(1) Papon, *Rest. du mineur, troisième notaire.*
(2) D'Aguesseau, II, 352.
(3) Domat, *Lois civiles*, liv. IV; *Des resc.*, tit. VI, sect. 2, n° 9.
(4) Duplessis, œuvres, t. I, p. 616.
(5) Bourjon, *Droit com. de la France*, t. II, p. 587.

a pas d'assurance plus grande que d'a...eter l'immeuble du mineur plus qu'il ne vaut (1). » Cependant cette protection exagérée, ennemie de tout crédit, est en butte à de vives critiques qui vont parfois jusqu'à la raillerie. « L'aliénation des immeubles d'un mineur, dit encore Henrys, est chatouilleuse; quelque assurance qu'on y recherche, il n'y en a point, et quelquefois ce sont les précautions qui nuisent. On en peut dire ce qu'on dit des potirons, quelque apprêt qu'on en fasse, l'usage n'en est pas bon, et la meilleure sauce qu'on y puisse apporter, c'est de les jeter là (2). »

Ces règles relatives à l'aliénation des immeubles, sont applicables à tous les mineurs émancipés ou non.

Relativement aux autres actes, la faculté d'obtenir des lettres de rescision fondées sur la lésion est générale pour le mineur. Il suffit même qu'il ait perdu l'occasion de faire un profit considérable pour qu'il soit dans le cas de la restitution. Mais la lésion qui ne résulte que d'un événement fortuit ne peut donner lieu à la restitution : « Les pertes qui arrivent par accident, dit Meslé, sont dignes de pitié. »

La *restitutio in integrum* n'est plus accordée contre les jugements. Les mineurs, lorsqu'ils n'ont plus à leur disposition les voies ordinaires, l'opposition ou l'appel, sont reçus à se pourvoir par requête civile, s'ils n'ont pas été défendus ou s'ils ne l'ont pas été valablement. D'après l'ordonnance de 1667, le mineur peut invoquer, en requête civile, tout moyen soit de fait, soit de droit, pourvu qu'ils n'aient point été allégués lors du premier

(1) Henrys, liv. IV, ch. VI, quest. 22.
(2) Henrys, liv. IV, ch. VI, quest. 22.

jugement (1). Philippe IV, dans son ordonnance de 1330, avait aboli déjà complétement la coutume ancienne qui suspendait, jusqu'à la majorité, les procès en matière réelle, lorsqu'un mineur y était intéressé.

Contre les prescriptions, les coutumes offrent des dispositions variées (2). Cependant, en général, la minorité interrompt toute prescription, si ce n'est dans certains cas exceptés, tel que la péremption d'instance, le décret et le retrait lignager (3).

Le mineur ne peut être restitué contre le défaut d'acceptation ou d'insinuation des donations qui lui sont faites. L'ordonnance de février 1731 établit très-clairement cette règle et ne réserve que le recours contre les tuteurs, curateurs et autres administrateurs (4). Quant au défaut d'insinuation et de publication des subtitutions, le silence de l'ordonnance a donné lieu à controverse (5).

Quelquefois cependant la restitution n'est pas possible, et aux exceptions du droit romain les coutumes en ajoutent d'autres que nous retrouverons plus tard dans le Code Napoléon.

La restitution n'est point admise contre le mineur marchand : « Tous négociants et marchands en gros et en détail, dit Bornier, sont réputés majeurs pour le fait de leur commerce et banque, sans qu'ils puissent être restitués sous prétexte de minorité. Aucun ne sera reçu marchand qu'il n'ait vingt ans accomplis ; d'où

(1) Art. 35, tit. 35.
(2) Henrys, II, liv. IV, quest. 24 ; Taisant, tit. XIV, n° 16.
(3) La Pereire, n° 68.
(4) Art. 6, 7, 14.
(5) Meslé, ch. XIV.

suit que celui qui, ayant vingt ans accomplis, a été reçu marchand, est réputé majeur dans les villes où il y a maîtrise ; et dans celles où il n'y a pas maîtrise, ils sont majeurs dès le moment qu'ils font le commerce pour leur compte particulier (1). »

Lorsque le mineur s'est déclaré majeur, le droit romain distingue s'il l'a fait par erreur ou par malice. Dans le second cas, il refuse la restitution au mineur. Toutefois il y a là un danger et le parlement de Paris, par un arrêt de mars 1620, décide que désormais on n'aura plus d'égard, en matière d'obligation pour prêt, aux déclarations de majorité qui sont devenues de style, et défend aux notaires de les insérer dans les actes (2). Le parlement de Normandie, dans son arrêt du 11 août 1777, proclame la même doctrine et reproduit les mêmes injonctions. Notre ancien droit n'admet pas non plus l'exception que le droit romain fait aux principes de la restitution pour le cas où le mineur a contracté sous serment.

Il nous reste à étudier les cas où il est permis aux majeurs de solliciter la rescision de leurs actes pour cause de lésion.

Si la restitution des mineurs semble avoir été acceptée, de tout temps et partout, sans difficulté, il n'en est pas de même de la rescision de la vente pour vileté de prix. Un capitulaire la repousse, comme l'avait repoussée la loi des Wisigoths (3). Ce n'est que vers la fin du xie siècle, que la rescision de la vente pour cause de lésion reparaît, appuyée sur le droit canonique. Elle

(1) Bornier, sur l'ord. de 1673, art. 6, tit. 1.
(2) *Code de l'hum.*, v° *Mineur*.
(3) Cap. 362 du liv. 5.

est admise avec faveur par les juristes. N'étant plus
enchaînés par le formalisme romain, ils étendent la
constitution de Dioclétien en dehors de ses termes, et
l'appliquent dans presque toutes les matières importantes. Mais en sortant des termes de la loi, ils tombent
dans l'arbitraire et les controverses se multiplient.

Les ventes d'immeubles et de droits immobiliers
sont seules rescindables pour cause de lésion. Cependant Loiseau conteste la possibilité de rescinder la
transmission d'un office (1). « Mais je crois aujourd'hui
dit Bretonnier, que la question est sans difficultés,
puisque les offices sont considérés comme de véritables
immeubles et que le prix se distribue par ordre d'hypothèque. » La jurisprudence offre des arrêts en sens
contraire. Quant aux ventes mobilières, elles ne sont
pas rescindables dans la plupart des coutumes (2). Mais
quelques auteurs, et entre autres Dumoulin font une
exception pour les ventes de meubles de grand prix.
Les ventes de droits successifs, à cause de leur caractère
aléatoire, ne sont pas non plus rescindables. « Cette
décision, dit Pothier, souffre exception dans le cas de la
vente qu'un héritier fait de ses droits successifs à son
cohéritier. Automne rapporte un arrêt en robes rouges
qui adjugé une telle vente sujette à rescision, si mieux
n'aimait l'acheteur suppléer le juste prix. La raison est
qu'un tel acte tient lieu de partage entre les héritiers
et que dans les actes de partage, encore plus que dans
d'autres, l'égalité doit être observée (3). » Les ventes

____

(1) Loiseau, *Des offices*, III, ch. 2, n° 28.
(2) La Marche, art. 112; Sens, art. 252; Cambrai, tit. 21; Au-
vergne, ch. 16, art. 9; Bourbonnais, art. 88, etc.
(3) Pothier, n° 341; Louet, lettre H, ch. 7.

faites sur décret forcé sont aussi inattaquables (1).

On admet généralement avec Cujas que le vendeur seul a droit à la rescision. Toutefois cette question n'est pas sans soulever de grandes controverses, et quelques auteurs décident que la rescision pour lésion peut être aussi invoquée par l'acheteur (2). Pothier prétend même que c'est là l'opinion la plus accréditée, et il ne s'arrête pas à réfuter les arguments que lui opposent les partisans du système adverse. Pourquoi admettre la rescision à l'égard du prix versé par l'acheteur, puisqu'on la repousse dans les ventes mobilières? Quelle différence y a-t-il donc entre l'acheteur d'un meuble qui a payé trop cher et l'acheteur d'un immeuble qui a été lésé? Pourquoi d'ailleurs sortir des termes de la loi (3)? Pothier a de plus le tort d'invoquer à l'appui de son opinion l'autorité de Dumoulin qui dans son commentaire sur la coutume de Paris soutient au contraire que l'acheteur ne peut user du bénéfice de la loi quand il aurait acheté la chose deux fois plus qu'elle ne vaut (4). L'acheteur peut arrêter l'action en offrant de payer le supplément du juste prix.

Le vendeur peut-il renoncer au droit de demander la rescision du contrat pour cause de lésion? Pothier enseigne que sa renonciation est de nul effet. La loi serait illusoire si elle sanctionnait une telle renonciation consentie peut-être sous l'influence de l'erreur ou du pressant besoin qui a forcé le vendeur à accepter la lésion. Toutefois, faite dans un acte postérieur, la renonciation serait valable.

(1) Pothier, n° 340.
(2) Pothier, n° 372.
(3) Cujas, liv. 16, ch. 18 ; Bretonnier sur Henrys.
(4) Dumoulin, *Cout. de Paris*, 22, § 16.

Quelques auteurs vont jusqu'à permettre la rescision des actes qui équivalent à la vente, comme dit Bretonnier. Ils déclarent la dation en payement rescindable, mais les parlements divergent sur ce point.

Dans l'échange presque tous les commentateurs considèrent les deux parties comme deux vendeurs, et permettent à chacun des coéchangistes de demander la rescision du contrat. Pothier lui-même admet cette doctrine en enseignant comme Dumoulin qu'il ne peut dans ce cas être question de supplément de juste prix (1).

Quant au louage, les uns accordent la rescision, les autres la refusent. Ceux-ci se fondent sur ce qu'il n'y a pas aliénation de propriété de l'immeuble. D'ailleurs à l'égard des fruits le profit est incertain. Cependant plusieurs commentateurs autorisent la rescision pour les baux au-dessus de dix-ans et même au-dessus de trois ans (2). On admet la rescision en matière d'emphytéose. On l'admet aussi dans les marchés avec les architectes, du moins pour ceux conclus avec les particuliers (3). Pour la vente d'un usufruit il y a plus de difficultés (4).

C'est surtout en matière de partage qu'on s'écarte des principes du droit romain. Une lésion de plus du quart suffit (5).

L'acceptation d'une succession par un majeur est, en principe, irrévocable. Quelquefois cependant on relève

(1) Pothier, *Vente*, n° 334 ; Dumoulin, § 33, gl. 4, n° 41.
(2) Guy Coquille, *Inst.*
(3) D'Olive, liv. 4, ch. 12.
(4) Fachin, liv. 2, ch. 22.
(5) Papon, *Arrêts*, liv. 15, tit. 7. art. 6 ; Dumoulin, *De usuris*, quest. 14, n° 182 ; Lebrun, *Succes.*, liv. IV, ch. 4, n° 52 ; Coquille, quest. 157.

un majeur *ex consequentia et capite minoris coheredis*. Mais de nombreuses autorités permettent de penser qu'on admet encore le majeur à la restitution contre son acceptation, en cas de découverte de dettes inconnues (1).

Il faut l'ordonnance de Charles IX, d'avril 1560, pour empêcher qu'on ne rescinde les transactions.

Sur la nature qu'on attribue à l'action en rescision il est difficile de trouver une opinion bien arrêtée chez les auteurs. D'après Loiseau, « les restitutions en entier, les actions rescisoires sont mixtes, *quæ dantur contra quemlibet possessorum* comme les réelles, et néanmoins on y conclut *adversarium dare facere oportere* (2). » Coquille rappelle cette opinion généralement adoptée, que l'action en rescision peut être dirigée contre les tiers possesseurs, et semble incliner à lui reconnaître par voie de conséquence un caractère réel (3).

Mais ce que la restitution de notre ancien droit présente de plus remarquable, c'est assurément la procédure sigulière dont il faut la faire procéder.

A Rome, la restitution était accordée par le préteur *extra ordinem*. Les interprètes ne comprennent pas le rôle que jouait le magistrat dans le mécanisme de la procédure romaine. Ils s'imaginent, sous l'influence des idées féodales, que le préteur était une sorte de suzerain, chef de toute justice, auquel on devait s'adresser pour obtenir la restitution. En lisant dans certains textes que les préteurs, après avoir accordé la restitution, renvoyaient les parties devant qui de droit pour en pour-

(1) [Monvallon, *Traité des suc.*, t. I.
(2) Loiseau, *De l'act. mixte*, n° 6.
(3) Coquille, *Inst. de dr. fr.*

suivre l'exécution, ils croient y trouver une règle générale, et ils pensent que le préteur ne faisait que donner
une simple autorisation préalable. Ces idées appuyées
sur la haine de la féodalité et le désir d'élever la puissance royale, amènent les légistes à attribuer au roi
qu'ils praclament *grand justicier du royaume* de qui
émane toute justice, le pouvoir extraordinaire de permettre l'exercice des restitutions ou rescisions du droit
romain. « Aujourd'hui..... est nécessaire de s'adresser
au prince qui a lié les mains aux juges et à la loy et én
a fait son propre tout ainsi que du reste qui était de
grâce (1). » Poussés par cet esprit, les légistes vont
même jusqu'à se placer en arrière du droit romain. Ils
ne sont préoccupés que du besoin d'agrandir le cercle
du pouvoir royal, de tout faire émaner de lui, de tout
rapporter à lui, et ils ne veulent plus qu'on distingue
entre les contrats de bonne foi et les contrats *stricti juris ;*
ils exigent l'intervention du roi pour annuler les uns et
les autres, ils considèrent les lois romaines comme des
lois étrangères, et dès lors les nullités qu'elles pronon-
cent *ipso jure* ne peuvent être appliquées contre les sujets du prince qu'autant que le juge en a obtenu la permission expresse de lui. Cette permission est accordée
aux magistrats par les lettres de rescision, dont l'usage
se maintient d'autaut mieux que le fisc y trouve son
avantage (2).

Aussi à la différence des nullités prononcées par les
contumes ou les ordonnances, celles empruntées au
droit romain ne peuvent être invoquées sans une autorisation spéciale du roi. « La règle : *voies de nullité n'ont*

(1) Papon. *Troisième notaire,* liv. IX.
(2) Troplong, *Vente.* 686.

pas *lieu en France*, ne veut dire autre chose, si ce n'est que le droit, c'est-à-dire les lois romaines n'ont point en France une autorité assez absolue pour opérer la nullité des choses qu'elles prescrivent (1). » Cependant les lettres de rescision sont accordées sans connaissance de cause ; elles sont adressées aux juges royaux qui doivent connaître de la demande en rescision, et elles leur laissent la faculté d'en apprécier le mérite et de l'admettre ou de la rejeter (2).

Dans ces actions, l'élément réel paraissant mélangé à l'élément personnel, quelques auteurs enseignent que le juge de la situation des biens est compétent comme celui du domicile du défendeur (3). Toutefois cette opinion est sérieusement contestée.

Une ordonnance de Louis XII accorde pour obtenir les lettres royaux un délai de dix ans, tant pour les pays de droit écrit que pour les pays de droit coutumier (4). Quelques années plus tard l'ordonnance de Villers-Cotterets, d'août 1539, vient lever les difficultés qui se sont élevées sur la question de savoir si cette prescription doit s'appliquer aux demandes en restitution des mineurs. Elle décide qu'on ne peut demander la rescision des actes faits en minorité après l'âge de trente-cinq ans accomplis (5). Cette ordonnance est observée même dans les coutumes où la majorité a lieu avant vingt-cinq ans. L'action dure alors plus de dix

(1) Lefèvre-Laplanche, *Des domaines*, l. 11, ch. 7 ; Imbert, *Prat.*, liv. 1, chap. 3.
(2) Argou, *Int. au dr. fr.* II, p. 378 et 479.
(3) Dumoulin, *De usur.*, n° 409 ; Ferrières, v° *Rescision* ; Guy Coquille, *Inst.*
(4) Juin 1510, art. 46.
(5) Art. 134.

ans. Ainsi en Normandie, la coutume fixant la majorité à vingt ans, les mineurs ont en réalité quinze ans pour se pourvoir en rescision. Avant ces ordonnances on pouvait agir pendant l'an et jour (1). Mais la majorité des auteurs accordaient trente ans toutes les fois que la demande était fondée sur le rescrit de Dioclétien. Ils avaient reconnu que dans ce cas, ainsi que nous l'avons démontré, il s'agissait d'une action civile soumise à la prescription de trente ans, et non d'une restitution. Pourvu que les lettres de rescision soient obtenues et signifiées dans les délais légaux, il importe peu que le procès se continue au delà, d'autant que les lettres tenant le défendeur saisi, il ne cesse pas de jouir pendant la durée de l'instance.

Quant à la rescision de la vente pour lésion, plusieurs parlements décident qu'elle peut être prononcée sans qu'il soit besoin d'obtenir des lettres royaux. Car, disent-ils, cette rescision est un moyen ordinaire de droit (2).

Telle est encore la législation qui régit la France au moment où éclate la révolution.

(1) Tr.-anc. cout. de Bretagne, art. 71; Desfontaines, ch. XIV; Beaumanoir, ch. XVI.
(2) Grenoble, 29 mai 1619.

CHAPITRE II.

LÉGISLATION INTERMÉDIAIRE.

Le droit intermédiaire modifie, surtout sous le rapport de la forme, les règles de l'ancien droit. La loi des 7-11 septembre 1790, supprime la chancellerie et abolit les lettres royaux (1). Désormais les rescisions sont sur la même ligne que les autres nullités. Le droit de rescision lui-même attire, à plusieurs reprises, l'attention du pouvoir. La loi des 3-9 mai 1790 fixe la majorité vingt et un ans et ne rend possible que jusqu'à trente et un ans l'excercice de l'action en restitution (2). Enfin un décret de la Convention rendu sur la proposition de Lanjuinais, le 14 fructidor an III (31 août 1795), prononce l'abolition de l'action en rescision pour cause dè lésion des contrats de vente, ou équivalents à vente entre majeurs, et suspend les instances engagées et les actions non prescrites. Cependant l'action en réscision continue à subsister quant aux partages.

En rendant ce décret, le législateur ne fait qu'obéir aux circonstances du moment. Au milieu des luttes et des troubles qui agitent la France, la crainte et l'espérance se partagent les cœurs, à la confiance de la veille trop souvent succède la méfiance du lendemain. La propriété ne peut manquer de suivre ces tristes

(1) Art. 20 et 21.
(2) Tit. IV, sect. I, art. 2.

fluctuations de l'opinion publique, et la valeur des immeubles éprouve de continuelles variations. D'un autre côté, le papier-monnaie est déprécié chaque jour, et il devient impossible de déterminer le prix des choses. Ce n'est pas tout : on s'occupe alors de la vente des biens nationaux, et pour que cette opération soit possible il faut que les acquisitions soient irrévocables. Personne, en effet, n'osera traiter en présence d'une menace de dépóssession que peut faire craindre le prix souvent peu élevé de ces ventes.

.La loi du 3 germinal an V (23 mars 1797), considérant que les assignats n'ont plus cours forcé, lève la suspension dont avaient été frappées les actions en rescision antérieures au décret du 14 fructidor an III, mais l'abolition de la rescision pour ventes consenties depuis ce décret est maintenue. Le 11 floréal an VI (8 mai 1798) et le 24 prairial an VII (12 juin 1799), deux lois viennent organiser le mode d'estimation des fonds vendus jusqu'au décret de l'an III. Mais le principe nouveau de ce décret reste encore intact.

Lors de la rédaction du Code la question se présente naturellement au législateur. Ces précédents n'ont pas une influence exagérée. On reconnaît que le décret de l'an III a été arraché par les circonstances. Toutefois la discussion s'engage avec une grande vivacité sur le mérite juridique et sur l'utilité sociale de la rescision en matière de lésion. L'art. 196 du projet primitif admet la rescision pour lésion dans les ventes d'immeubles et dans le partage.

Au conseil d'État, Berlier attaque cette disposition et soutient le décret de l'an III. Les séances des 30 frimaire et 21 nivôse an XII voient reproduire les diatribes que, vers le commencement du XVI° siècle, le docteur Allemand Christian Thomasius lançait contre la constitution de Dioclétien (1). Comme lui, Berlier attaque cette constitution au point de vue historique et juridique, et il la critique au nom du droit et de la philosophie. Portalis et Cambacérès essayent de faire prévaloir le projet du gouvernement. Ils sont appuyés par le premier consul. Sa parole nette et concise fait évanouir toutes les hésitations. Il place la question sur le terrain de la justice et de la moralité. « Il ne peut être dans les principes de la justice civile, dit-il, de sanctionner une vente par laquelle un individu sacrifie dans un moment de folie l'héritage de ses pères et le patrimoine de ses enfants à l'emportement de sa passion. S'il a cédé au besoin, pourquoi la loi ne prendrait-elle pas la défense du pauvre opprimé, contre l'homme riche qui, pour le dépouiller, abuse de l'occasion et de la fortune?

La loi de la rescision l'obligera à payer du moins le bien la moitié de sa valeur. Cette loi pourra quelquefois être éludée, mais plus souvent elle retiendra l'injustice, et précisément parce qu'elle existera, il y aura moins d'occasions de l'invoquer.

Ce sera surtout l'avantage que les mœurs tireront de la loi ; on craindra l'action en rescision, et l'on n'osera se permettre une lésion énorme. Si cette action n'existe pas, la fraude n'a plus de frein et osera tout entreprendre.

Mais au profit de qui tournerait donc l'exclusion

______

(1) Thomasius prétend que Dioclétien et Maximien ont eux-mêmes rétracté leur constitution *Rem majoris*, par la loi 8 au Code *De rescindenda venditione* et ils affirment que si les deux lois paraissent aujourd'hui d'accord, c'est à Tribonien qu'on le doit.

de l'action en rescision dans le cas de lésion énorme ?
Au profit de quelques agioteurs. Et ce serait pour protéger un pareil intérêt qu'on foulerait aux pieds les
mœurs et les principes de la justice civile (1) ! »

De tous les tribunaux de la république, un seul, celui
de Rouen, avait demandé le maintien du décret de
l'an III.

C'est ainsi que nous retrouvons dans notre législation
la loi de Dioclétien. Mais le Code civil, par suite des oppositions qui s'étaient manifestées au sein du conseil
d'État, exige une lésion des sept douzièmes du juste
prix, et n'accorde au vendeur, pour agir, qu'un délai
de deux ans.

(1) Locré, t. XIV, p. 89 et suiv.

CODE NAPOLÉON.

Il nous reste à examiner dans cette partie de notre travail les dispositions de nos lois relatives à la lésion. Notre intention n'est pas d'approfondir toutes les difficultés de la matière, nous ne voulons qu'énoncer succinctement les principes en les suivant dans leurs plus graves applications. Nous rechercherons donc :

De quelles circonstances naît le droit à l'action en rescision ;

Quelle est la nature de cette action, quels sont ses effets ;

Comment elle s'éteint.

CHAPITRE PREMIER.

DU DROIT A LA RESCISION.

En passant dans notre Code, la théorie de la lésion a conservé l'empreinte des variations de la doctrine et des modifications que chaque époque lui a fait subir. Elle a rencontré de puissants adversaires, et, en présence de leurs oppositions, c'est tout au plus si le législateur a pris la peine d'indiquer la lésion, lorsqu'il s'est agi de déterminer les causes qui peuvent influer sur la liberté des contractants et vicier leurs conventions. L'article 1118 qui pose le principe, le présente comme une exception et en restreint les applications ; « La lésion, dit-il, ne vicie les conventions que dans certains contrats et à l'égard de certaines personnes. » Il y a donc, en quelque sorte, deux espèces de lésion, celle qui nuit à certaines personnes indépendamment de la nature des obligations et celle qui vicie certaines obligations indépendamment des personnes. A moins de dérogation expresse, elles sont l'une et l'autre soumises aux mêmes principes. Cependant elles diffèrent entre elles en ce que la première, quelle que soit son importance, fait toujours triompher l'action, tandis que l'autre ne donne ouverture à la rescision que si elle s'élève à une quotité en général déterminée.

SECTION I.

Pour certaines personnes.

En parcourant notre droit privé, on ne rencontre qu'une seule classe de personnes qui puissent se plaindre de la lésion, les mineurs émancipés ou non. Il n'y a pas à distinguer entre celui qui est en tutelle et celui est soumis à l'administration légale. L'article 1305 est ainsi conçu : « La simple lésion donne lieu à la rescision en faveur du mineur non émancipé, contre toutes sortes de conventions; et en faveur du mineur émancipé, contre toutes conventions qui excèdent les bornes de sa capacité.... » Mais dans quels cas le mineur

pourra-t-il demander la rescision des actes qui le lè-
sent ? Aura-t-il besoin d'exciper de la lésion contre ses
propres engagements ? Ne doivent-ils pas être déclarés
nuls puisqu'ils émanent d'un incapable ? Dès lors la lésion n'est-elle pas pour lui une circonstance inutile et
superflue, à moins qu'on ne lui permette de demander la
rescision des actes consentis par son tuteur ? Et comment rescinder l'acte d'un tuteur qui a reçu de la loi le
droit d'administrer ? L'intérêt même du mineur s'y oppose.

Nous touchons ici, dès le début, à l'une des questions les plus controversées et les plus obscures de notre droit. La nature véritable de l'incapacité du mineur
n'est plus aussi nettement déterminée que dans le droit
romain et dans notre ancien droit français. En face des
dispositions du Code Napoléon il est bien difficile de le
préciser, et quand il s'agit de savoir quels sont les actes
rescindables, quels sont les actes nuls, on ne trouve
dans la doctrine qu'un fâcheux désaccord. Plusieurs
opinions se sont produites ayant chacune pour elle de
grandes autorités et de puissants arguments.

Dans un premier système on soutient que les actes
passés par le mineur, de quelque nature qu'ils soient,
sont annulables pour cause d'incapacité indépendamment de toute lésion, et que les actes faits par le tuteur
dans les limites de ses pouvoirs et selon les formes prescrites sont seuls rescindables pour cause de lésion, à
moins qu'une disposition spéciale de la loi n'ait fermé
cette voie de rescision.

On invoque en faveur de cette opinion la disposition
de l'art. 1305 qui consacre, en principe, que la *simple
lésion* donne lieu à la rescision en faveur du mineur

émancipé *contre toutes sortes de conventions*. Et quoi de
plus raisonnable ? Malgré toutes les précautions de la
loi, les intérêts du mineur peuvent souffrir entre les
mains du tuteur; il y a pour lui des chances de perte
résultant des défaillances et de l'incurie de son représentant, la loi ne peut les faire disparaître complète-
ment, et il serait injuste de déclarer les actes du tuteur
inattaquables. C'est pour cela que la loi ne soumet pas
le mineur à la prescription, et que le Code de procédure l'autorise à attaquer par la voie de la requête civile
les jugements, au cas où ses intérêts n'auraient pas été
suffisamment défendus. Cependant certains actes sont
entourés de tant de formalités, de tant de précautions
prudentes, que la loi a pu sans crainte leur donner toute
la force qu'ils auraient entre personnes jouissant de la
plénitude de leurs droits. Ainsi en est-il pour les aliénations d'immeubles, les transactions, les partages, les
acceptations de donation, les conventions matrimoniales. Mais si le législateur prend la précaution d'énoncer
pour chacun de ces actes que la lésion n'est pas un motif de rescision, c'est bien évidemment qu'en général le
mineur peut attaquer les actes valablement passés par
le tuteur. Cette doctrine ressort encore de plusieurs dispositions de nos lois. Le Code distingue, tout le monde
en convient, les actes frappés de nullité, et les actes
rescindables pour cause de lésion. Quels sont donc ces
actes rescindables, si ce n'est ceux qui ont été valablement faits par le tuteur? Les actes de mineur portent
en eux un vice d'incapacité, et doivent être nuls. Aux
termes de l'art. 1108, la capacité est une condition essentielle à la validité des conventions, et l'art. 1124 place
le mineur parmi les incapables à côté des interdits.

Cette assimilation est encore consacrée par l'art. 509 : « L'interdit est assimilé au mineur pour sa personne et pour ses biens. » Si le mineur est incapable, et incapable comme l'interdit, il doit pouvoir se prévaloir toujours de son incapacité, et l'art. 1125 disant qu'il *ne peut attaquer pour cause d'incapacité ses engagements que dans les cas prévus par la loi*, ne peut pas renvoyer à l'art. 1305, il signifie seulement que l'exercice de son action est soumis à certaines conditions. Les actes du mineur nuls pour incapacité, sont aussi nuls pour défaut de formes. A la différence du droit romain, notre législation enlève au pupille toute action, toute coopération aux faits juridiques qui l'intéressent. Ce n'est plus le mineur qui figure dans les actes civils avec l'assistance de son tuteur, c'est le tuteur lui-même qui agit. Toutes les fois que le pupille interviendra seul, l'acte ne sera pas selon le vœu de la loi, il sera *nul en sa forme*. Cette doctrine résulte encore des art. 484 et 385 qui permettent la réduction des obligations excessives contractées par le mineur émancipé. Si en effet le mineur non émancipé pouvait contracter valablement, on arriverait à deux conséquences inadmissibles. Le mineur émancipé serait plus protégé que le mineur en tutelle, car il n'aurait pas besoin d'établir la lésion pour faire rescinder son obligation. De plus, le retrait de l'émancipation serait sans efficacité, car le mineur conserverait la faculté de contracter (1).

Tels sont, en substance, les principaux arguments sur

(1) Toullier, IV, 106, VII, 527 et 573 ; Demante, II, 781 et 782 ; Troplong, *De la vente*, I, 166, *Des hypoth.*, II, 488 et suiv.; Magnin, *Des minorités*, II, 1137.

lesquels s'appuie cette première opinion. Ils nous paraissent plus spécieux que fondés, ils n'ont pas ébranlé nos
convictions, et nous croyons encore que l'action en
rescision pour cause de lésion appartient aux mineurs
seulement contre les obligations qu'ils ont eux-mêmes
consenties, en l'absence de leurs tuteurs. Quant aux obligations que leur tuteurs ont valablement passées en leur
nom, quant à celles qu'ils ont eux-mêmes contractées du
consentement de leurs tuteurs, elles sont valables et à
l'abri de toute attaque. S'il s'agit d'actes juridiques que la
loi a soumis à certaines formalités spéciales, leur validité
dépend toujours de l'observation de ces formalités.

Le texte de la loi, les travaux préparatoires et les
précédents historiques imposent cette doctrine.

Aux termes de l'article 450, le tuteur représente le mineur dans tout les actes de la vie civile. Il est le mandataire légal de son pupille, il doit l'obliger toutes les
fois qu'il agit dans les bornes de son mandat. Quelle
disposition légale peut-on invoquer pour soustraire ici
le mineur aux engagements contractés par son mandataire? Pourquoi ne pas lui appliquer l'art. 1998? Invo-
quera-t-on l'intérêt du mineur? Mais cet intérêt bien
entendu exige que les tiers puissent traiter en sécurité
avec le tuteur; il ne faut pas rendre tout rapport avec
le mineur impossible; il ne faut pas qu'une loi de protection devienne une loi d'oppression. Non, le législateur ne pouvait pas, sans inconséquence, donner une
action en rescision au mineur contre les obligations
valablement consenties par son tuteur. Les actes régulièrement faits par le tuteur sont inattaquables.
L'art. 450 lui-même en est la preuve. Il impose au
tuteur la charge d'administrer les biens du mineur en

bon père de famille, et il ajoute que le tuteur « répondra des dommages-intérêts qui pourraient résulter d'une mauvaise gestion ». C'est évidemment dans la prévoyance que le tuteur pourrait compromettre les intérêts du mineur, que la loi accorde à ce dernier une action en dommages-intérêts. Mais comment les actes du tuteur compromettraient-ils les intérêts du mineur, si celui-ci pouvait les faire tomber à son gré et obtenir contre les tiers la réparation du préjudice souffert? Ne serait-il pas contraire à toute logique de restituer les mineurs contre les actes légalement passés par leurs tuteurs alors qu'ils ne sont pas restituables contre les conséquences de leurs omissions ou négligences? Pourquoi vouloir leur accorder cette protection exagérée? La loi ne leur a-t-elle pas refusé la restitution contre le défaut d'acceptation et de transcription des donations, contre l'inobservation des règles prescrites en matière de subtitution? Ne fait-elle pas courir contre eux les délais de l'action en réméré et ceux de l'action en rescision pour cause de lésion de plus des sept douzièmes? Suspend-elle à leur profit les courtes prescriptions? Le défaut d'inscription dans les deux mois, en cas de purge, ne leur fait-elle pas perdre leur hypothèque légale (1)? Et quelle est donc la raison de ces dispositions, sinon que le tuteur est le représentant légal du mineur, qu'il peut irrévocablement le lier vis-à-vis des tiers?

C'est en vain que les adversaires de cette doctrine, s'armant de l'art. 481 du Code de procédure, essayent de la combattre. Si les mineurs peuvent obtenir, par là

______

(1) Art. 462, 942, 1070, 1074, 1663, 1676, 2135, 2178 C. civ. ; 444, C. pr.

voie de la requête civile, la rescision des jugements lorsqu'ils n'ont pas été suffisamment défendus, ce n'est pas parce qu'en principe le mineur peut se faire restituer pour cause de lésion, contre les actes de son tuteur. La preuve en est que l'État, les communes et les établissements publics qui jouissent eux aussi de la requête civile, n'ont pas l'action en rescision contre les actes réguliers qui émanent de leurs représentants. La suspension de la prescription dans l'intérêt des mineurs ne fournit pas à nos adversaires un argument plus puissant. L'art. 2252 suppose, en effet, la simple abstention d'un fait, une négligence, le défaut d'interception de prescription et non plus un acte régulièrement accompli par le tuteur. Or, entre un acte régulier et une négligence du tuteur, il y a une différence radicale qui écarte tout argument d'analogie.

Il demeure donc établi que le mineur ne peut pas faire rescinder, pour cause de lésion, les actes réguliers du tuteur. Mais alors l'art. 1305, qui accorde au mineur l'action en rescision *contre toutes sortes de conventions*, doit nécessairement supposer la convention conclue par le mineur lui-même.

Cet art. 1305 ne fait aucune allusion au cas d'un tuteur agissant pour son pupille ; il semble, au contraire, ne s'occuper que des actes faits par le mineur lui-même en comprenant dans une seule et même disposition les mineurs non émancipés et les mineurs émancipés, c'est-à-dire ceux qui ont un tuteur et ceux qui n'en ont pas. D'ailleurs, si cet article ne se suffisait pas à lui-même, tous ceux qui le précèdent ou qui le suivent, soit pour l'expliquer, soit pour y déroger, en limiteraient bien la portée ; car il est difficile d'admettre qu'il se réfère aux actes du tuteur, alors que tous les articles de la section sont relatifs aux obligations consenties par le mineur seul.

L'art. 1304 fait pressentir l'idée qu'il s'agit dans cette section des actes faits directement par le mineur, et nullement de ceux que le tuteur aurait faits au nom de son pupille; il dit en effet: « *A l'égard des actes faits par le mineur* le temps ne court que du jour de la majorité. » Mais cette idée, avec quelle force ne se reproduit-elle pas dans les autres articles de la section ! L'article 1307 décide que la simple déclaration de majorité, *faite par le mineur,* ne fait point obstacle à la restitution. N'est-il pas évident que la loi suppose un mineur ayant agi seul et en dehors de sa capacité ? Comment, en effet, concevoir cette déclaration de majorité si c'est le tuteur qui contracte comme représentant du mineur ? Cette déclaration n'est-elle pas démentie et détruite par la présence même du tuteur? L'art. 1308 se présente comme une exception au principe de 1305, et traite des engagements que le mineur commerçant a pris à raison de son commerce, engagements qu'il peut prendre seul, sans tuteur ni curateur. Il faut donc, si la loi veut être logique, que le principe auquel elle déroge dans l'art. 1308 se référe, comme l'exception, aux contrats passés par le mineur en personne. L'art. 1309 s'occupe des conventions matrimoniales dans lesquelles le mineur, même en tutelle, agit personnellement. L'art. 1310 est relatif aux obligations auxquelles le mineur se trouve soumis par ses délits et ses quasi-délits. L'art. 1311 déclare que sa ratification le rend non recevable à critiquer l'acte *qu'il avait souscrit en minorité.* Enfin l'art. 1312, en parlant de l'annulation obtenue par les femmes, les interdits, les mineurs, se reporte à l'art. 1304 et suppose comme celui-ci des actes faits par les femmes, les interdits, les mineurs. Ainsi tous les articles de notre section s'occupent du mineur agissant personnellement et accomplissant par lui-même l'acte dont il est incapable. L'art. 1314 est le seul qui parle de l'acte passé par le tuteur ; encore faut-il observer que l'art. 1314 est le dernier de la section, qu'il est séparé des autres par l'art. 1313 s'occupant d'un ordre d'idées tout différent, que cet art. 1314 n'existait pas dans le projet et n'a été introduit dans la discussion que sous forme d'amendement.

Si dans l'art. 1305, le législateur avait voulu s'occuper des obligations consenties par le tuteur, il aurait placé l'interdit sur la même ligne que le mineur ainsi qu'il l'a fait dans l'art. 1314. Cette omission ne peut se comprendre qu'en appliquant l'art. 1305 seulement aux obligations consenties par les mineurs eux-mêmes. Les obligations contractées par les interdits sont frappées de nullité et il ne peut en être question dans un article qui se borne à ouvrir une action basée sur la lésion.

Quand la loi déclare que dans certains cas le mineur n'est point restituable contre ses propres actes (1), ne suppose-t-elle par la règle contraire ? Sans doute nos adversaires peuvent ici nous répondre par le même argument et nous opposer l'art. 1314 qui refuse l'action en rescision contre certains actes régulièrement consentis. Mais il nous suffira de leur faire observer que si la loi admet ces exceptions, c'est que les forma-

(1) Art. 1308.

lités qu'elle exige ont paru suffisantes pour garantir le mineur. D'ailleurs de ce que la loi déclare expressément que certains actes, des plus importants, ne sont pas soumis à la rescision, peut-on en conclure logiquement que les actes moins importants puissent être rescindés ? Au lieu de nous opposer un argument *a contrario*, cet art. 1314 ne nous fournit-il pas plutôt un argument *a fortiori?* Si la loi a cru nécessaire de parler de ces actes importants, c'est parce qu'elle a craint que, vu leur importance, on ne fût tenté de les soumettre à l'action en rescision. Cet argument *a fortiori* devient encore plus concluant si on demande à l'ancienne jurisprudence la raison de l'art. 1314. Dans le dernier état du droit coutumier, celui dont les rédacteurs du Code se sont plus particulièrement inspirés, on ne discutait plus sur le sort des actes d'administration faits par le tuteur : « Les mineurs, dit Pothier, ne sont plus restitués pour cause de lésion contre les actes qu'ils ont faits depuis leur émancipation, ou *contre ceux que leurs tuteurs ont faits avant leur émancipation, lorsque ces actes sont des actes de pure administration* (1). » Pour les actes plus importants, les légistes étaient aussi unanimes, mais c'était la solution contraire qu'ils donnaient, tout en critiquant amèrement la loi et en appelant une réforme. Les rédacteurs du Code se sont trouvés en face de cette doctrine, ils en ont reconnu les abus, ils ont voulu les corriger, et voilà pourquoi ils ont rompu, à l'égard de ces actes importants, le silence qu'ils avaient gardé relativement aux actes d'administration faits par le tuteur. Ainsi l'objection tombe, et l'argument qu'on opposait à notre système, pour le renverser, nous fournit une arme pour le défendre.

(1) Pothier, *Tr. de la pr. civ.*, part. V, ch. IV, art. 2, § 1.

Mais, dit-on, le mineur est incapable, la loi le met sur la même ligne que l'interdit. Cette assimilation qui ressort nettement des art. 1124 et 1125 est encore consacrée par l'art. 509 : « *L'interdit est assimilé au mineur pour sa personne et pour ses biens.....* » Comment peut-il donc faire un contrat valable? Cette objection serait puissante si l'incapacité du mineur était en tout point semblable à l'incapacité de l'interdit. Sans doute, la loi déclare le mineur incapable, mais il y a des degrés dans l'incapacité, elle peut être plus ou moins étendue. Le principe de l'incapacité de l'interdit, c'est l'absence réelle ou légalement présumée de la raison. Quant au mineur la loi le déclare incapable dans la crainte qu'il ne manque de prudence. Ainsi, arrivé à un certain âge, le mineur a une capacité naturelle que n'a pas l'interdit. Il peut tester, l'interdit ne le peut pas. L'art. 509 qu'on nous oppose n'assimile le mineur à l'interdit qu'en ce qui regarde les règles de la tutelle. La fin de l'article explique son commencement : « L'interdit est assimilé au mineur, dit-il, pour sa personne et pour ses biens; *les lois sur la tutelle des mineurs s'appliquent à la tutelle des interdits.* » Cette assimilation n'est même pas sans exceptions.

D'autres objections ont été faites. Les contrats qui intéressent les mineurs, dit-on, doivent être passés par leurs tuteurs (art. 550); donc le contrat fait par le mineur lui-même, n'étant pas dans la forme prescrite par la loi, doit être annulable pour défaut de forme, indépendamment de toute lésion. Cet argument est loin d'être décisif. La loi ne considère pas comme une forme la présence du tuteur au contrat. L'art. 484 indique bien qu'il faut entendre par formes, l'autorisation du conseil de famille, l'homologation du tribunal.

Cet art. 484 fournit une nouvelle objection à nos adversaires. Ils nous reprochent d'arriver à deux conséquences inadmissibles. Le mineur émancipé sera plus protégé que le mineur non émancipé puisque les obligations excessives qu'il aura contractées pourront être réduites sans qu'il soit nécessaire de prouver la lésion; le mineur non émancipé, au contraire, ne pourra ni faire rescinder ses engagements, encore qu'ils soient exagérés, s'ils ont été contractés pour des prix justes, ni les faire réduire en vertu de l'art. 484 exclusivement applicable aux mineurs émancipés. Notre système rendrait encore, d'après l'honorable président de la Cour de cassation (1), le retrait de l'émancipation sans efficacité puisque le mineur replacé en tutelle conserverait la faculté de contracter. Ces objections ne sont pas même spécieuses, elles reposent sur une étrange confusion. Ceux qui les soulèvent oublient que le simple défaut d'utilité lèse le mineur tout autant que le défaut de proportion entre ce qu'il donne et ce qu'il reçoit; ils nous reprochent à tort de rendre inefficace le retrait de l'émancipation. Le mineur émancipé agissant dans les limites de sa capacité a l'action en réduction; si, perdant le bénéfice de l'émancipation, il retombe en tutelle, il aura l'action en rescision. Ces deux actions sont essentiellement différentes. Par l'action en rescision, le mineur obtiendra l'annulation complète de son engagement, s'il prouve la lésion; par l'action en réduction il ne pourra que faire réduire ses obligations exagérées. Les tribunaux sont même autorisés à tenir compte de la bonne foi des personnes qui ont contracté avec lui,

(1) Troplong, *Vente*, n° 166.

de l'utilité des dépenses, et ils pourront maintenir son engagement (1).

Enfin si quelques doutes pouvaient rester sur la pensée du législateur, ils disparaîtraient devant les explications formelles qui ont été données lors de l'adoption de notre titre. Dans l'exposé au Corps législatif des motifs des art. 1304 et suivants, Bigot-Préameneu disait : « Il résulte de l'incapacité du mineur non émancipé, qu'il suffit qu'il éprouve une lésion pour que son action en rescision soit fondée. S'il n'était pas lésé, il n'aurait pas d'intérêt à se pourvoir ; et la loi lui serait même préjudiciable si, *sous prétexte d'incapacité*, un contrat qui lui est avantageux pouvait être annulé. *Le résultat de son incapacité est de ne pouvoir être lésé, et non de ne pouvoir contracter : Restituitur tanquam læsus, non tanquam minor* (2). » Dans son rapport au Tribunat, Jaubert ne s'exprimait pas autrement : « Il est bien vrai qu'en règle générale un mineur est déclaré incapable de contracter ; *mais un mineur peut être capable de discernement : le lien de l'équité naturelle peut se trouver dans un contrat passé par le mineur.....* La simple lésion donne lieu à la rescision en sa faveur. *Il ne sera pas restitué comme mineur, il pourra l'être comme lésé* (3)...

Devant des déclarations si formelles toute difficulté doit tomber. La Cour de cassation l'a bien compris, et quand cette question s'est enfin présentée devant elle, elle a, le 14 juin 1844, dans un arrêt célèbre, donné une nouvelle autorité à la doctrine que nous venons de développer (4).

(1) Art. 481, *in fine.*
(2) Fenet, t. XIII, p. 288.
(3) Fenet, XIII, p. 371 et 372.
(4) Sirey, 1844, I, 497 ; Proudhon et Valette, II, p. 489 et suiv. ;

Il reste donc établi que les actes régulièrement faits par le tuteur, au nom de son pupille, sont à l'abri de toute attaque, et que l'action en rescision n'appartient au mineur que contre les actes qu'il a faits lui-même, sans l'autorisation de son tuteur. Quant aux mineurs émancipés ils ont, pour les mêmes raisons, le droit de demander la rescision des obligations qu'ils ont consenties, sans l'assistance de leur curateur, dans les cas où cette assistance est requise. Mais ils ne peuvent attaquer ni les obligations qu'ils ont la capacité de consentir seuls, ni celles qui exigent l'assistance de leurs curateurs, lorsqu'ils les ont consenties avec cette assistance.

Pour les actes juridiques dont la validité dépend de l'observation de certaines formalités spéciales, ils sont nuls, si ces formalités n'ont pas été remplies, qu'ils émanent d'un mineur émancipé ou non émancipé, assisté ou non de son tuteur ou curateur. Cependant certains auteurs prétendent que ces actes sont seulement sujets à rescision (1). Cette opinion ne nous paraît pas acceptable, car on ne concevrait pas que le législateur eût soumis ces actes à tant de formalités, si leur omission devait être insignifiante.

L'action en rescision est donc accordée aux mineurs et aux mineurs seuls. Elle n'appartient ni à ceux qui ont traité avec eux, ni à leurs coobligés, ni à leurs

Duranton, X, 280 ; Merlin, [v° *Hypoth.*, § 4, n° 3 ; De Freminville ; *Minorite*, II, 817 ; Pont, *Revue de Législation*, 1844, III, p. 217 ; Fr. Duranton, *Revue étrangère*, 1843, X, 689 ; Larombière sur 1305 ; Marcadé sur 1305 ; Aubry et Rau, III, p. 179 ; Toulouse, 13 fév. 1830: Sir., 31, 2, 314 ; Bastia, 28 mai 1831, Sir., 35, 2, 27.

(1) Merlin, v° *Hyp.* § 4, n° 3 ; Marbeau, *Transaction*, n° 42.

cautions (1). Mais si cette action ne peut naître que dans la personne du mineur, une fois qu'elle est née elle passe à leurs héritiers, et peut être exercée, en leur nom, par leurs créanciers. Action purement pécuniaire, elle n'est pas, en effet, uniquement attachée à leur personne. Cette action est indépendante de la qualité de l'adversaire, elle ne repose que sur celle du titulaire, elle est donc accordée au mineur contre toutes les personnes envers lesquelles il a pu s'obliger, même contre un autre mineur. L'incapable ainsi poursuivi n'est tenu que de ce dont il a profité.

Pour qu'il y ait lieu à l'action en rescision, il ne suffit pas que l'obligation ait été contractée par le mineur seul, il faut encore qu'il y ait lésion.

Les principes du droit romain sur la nature de cette lésion nous régissent encore, ou plutôt ce sont les données du droit naturel que l'on accepte. La détermination de l'existence de la lésion est abandonnée à l'appréciation du juge. La lésion consiste dans un profit manqué, dans une perte éprouvée, dans des charges assumées, dans les embarras d'un procès auquel le mineur se serait exposé. L'importance plus ou moins grande de la lésion est sans influence sur le sort de l'action en rescision; une simple lésion suffit. Cependant les tribunaux, dans l'intérêt même des mineurs, ne doivent pas rompre des conventions pour un intérêt modique et souvent inappréciable : *De minimis non curat prætor*. C'est au juge à apprécier si la lésion est suffisante pour permettre la rescision. Il jugera d'après les circonstances et l'importance de l'acte, mais il devra

(1) Art. 1125, 1305, 1313, 1208, 2012.

tenir compte même des effets indirects et éloignés de la convention, pourvu qu'ils en soient des conséquences. On peut dire d'une manière générale que le mineur sera lésé quand il ne retirera point de son contrat un avantage équivalent des obligations qu'il s'est imposées.

La lésion doit s'apprécier indépendamment des événements ultérieurs qui ne seraient point une suite même éloignée du contrat. « Le mineur n'est point restituable, dit l'article 1306, lorsque la lésion *ne résulte que d'un événement casuel et imprévu.* » Ainsi un mineur achète une maison à un prix raisonnable, le feu du ciel la brûle, il y a là force majeure et la restitution n'est pas possible. Le contrat, en effet, n'est pas ici la cause, il n'est que l'occasion du préjudice. Les faits des tiers doivent être considérés comme des événements casuels et imprévus. Les dégradations commises sur l'immeuble acheté par le mineur ne donneraient pas lieu à l'action en rescision, alors même que le vendeur en serait l'auteur. Cependant il ne faudrait pas aller jusqu'à regarder les faits du mineur comme des événements casuels et imprévus. Le mineur achète un immeuble qu'il dégrade, il dissipe un capital qu'il a touché, l'autre partie pouvait le prévoir et devait s'y attendre. La restitution sera possible.

Dès que la lésion a existé le droit de demander la rescision est acquis et les événements ultérieurs ne peuvent pas le faire perdre. Un mineur a acheté fort cher un immeuble, mais par suite de certaines circonstances, du percement d'une rue par exemple, au jour où il exerce son action, cette maison vaut plus qu'elle

(1) Cour de Bourges, arrêt du 8 mars 1815.

n'a coûté ; la lésion n'en a pas moins existé, et l'action en rescision sera fondée, car l'augmentation de la valeur de l'immeuble est née de circonstances indépendantes du contrat qui doivent être aussi impuissantes à éteindre le droit qu'elles auraient été impuissantes à le faire naître. Il faut même décider que la perte partielle ou totale de l'objet de la convention, arrivée sans aucune faute dont le mineur soit responsable, ne peut lui faire perdre le droit de demander la rescision.

La lésion peut résulter d'un contrat aléatoire. Ces sortes de contrats tombent aussi sous l'application de l'article 1305 ; la loi n'a pas fait d'exception. Comme dans les contrats commutatifs il faudra, pour apprécier la lésion, se reporter au moment du contrat, sans s'attacher aux résultats. Il faudra peser les risques de part et d'autre ; si ces risques ne sont pas dans un juste équilibre il y aura lésion, si au contraire les chances sont à peu près les mêmes pour les deux parties, lors de la formation du contrat, il n'y aura pas lieu à l'action en rescision, bien que l'événement cause, en définitive, un préjudice considérable au mineur.

L'action en rescision dépend aussi d'une troisième condition. Il faut que le mineur ne se trouve pas dans une de ces circonstances exceptionnelles, prévues par la loi, qui en dépit de la minorité et de la lésion, empêchent l'action de naître.

Les mineurs ne peuvent pas trouver dans leur état le droit de nuire, et le législateur ne pouvait pas assurer l'impunité à leur précoce perversité. La justice exige que tout dommage soit réparé par son auteur quel qu'il soit, et que les tiers soient indemnisés du préjudice qu'ils souffrent injustement. Aussi la loi déclare-t-elle que le mineur « n'est point restituable contre les obligations résultant de son délit ou quasi-délit. » L'article 1310, par la généralité de ses expressions, embrasse tous les délits ou quasi-délits, qu'ils aient été ou non commis à l'occasion du contrat ; il rend le mineur responsable du dol et de la violence qu'il aurait pratiqués envers l'autre partie pour l'engager ou la forcer à contracter. Le mineur est tenu de ses faits illicites à titre de réparation, il n'y a donc pas à distinguer s'ils lui ont été profitables ou non. Le mineur ne serait pas obligé si le dommage souffert par le tiers ne provenait pas directement de son fait illicite, s'il pouvait le causer simplement en usant de ses droits. Il vend, sans les formalités requises pour l'aliénation des biens des mineurs, la chose d'autrui ; l'acheteur, évincé par le véritable propriétaire, ne pourra exiger du mineur que ce que celui-ci lui devrait, s'il avait demandé lui-même la nullité de la vente. L'acheteur, en effet, n'en éprouve ni plus ni moins de dommage.

Si le mineur a transigé sur les intérêts civils résultant de son délit, il pourra demander la rescision de la transaction pour cause de lésion, car le préjudice qu'il éprouve provient alors de son contrat. Le mineur, ne pouvant pas s'obliger, ne peut pas reconnaître son délit, il sera donc restituable contre son aveu. Mais il ne pourrait pas demander la rescision des obligations qu'il aurait contractées, s'il avait employé des manœuvres frauduleuses pour faire croire à sa majorité. Ceci résulte de l'art. 1307 décidant que la *simple déclaration de majorité* ne fait point obstacle à la restitution. D'ailleurs le mineur n'est-il point responsable de son dol personnel ? Ne doit-il pas, dans ce cas, des dommages-intérêts? Et quelle réparation plus naturelle et plus simple que le maintien du contrat? « Si néanmoins, dit Bigot-Préameneu dans son exposé des motifs, celui qui veut s'en prévaloir (de la déclaration de majorité) prouvait que le mineur l'a trompé, s'il prouvait par exemple que le mineur a représenté des actes faux, ce ne serait plus cette simple déclaration dont parle la loi; » — « Notre projet, dit Jaubert dans son rapport au Tribunat, se bornant à dire que la déclaration de majorité faite par le mineur ne fait point obstacle à la restitution, décide par cela seul qu'il y a obstacle à la restitution lorsqu'il y a plus que la simple déclaration de majorité, et laisse aux juges le soin d'apprécier le principe suivant les circonstances (1). »

La loi a dit formellement que la simple déclaration de majorité ne fait point obstacle à la rescision, pour abroger les distinctions du droit romain et de notre ancienne jurisprudence ce sur point. Il n'y a plus à examiner si cette déclaration a été surprise et captée ou spontanée et fallacieuse. Les rédacteurs du Code ont craint, avec raison, que le mineur ne cherchât par cette déclaration à se donner un crédit qu'il n'a pas, une capacité que la loi lui refuse.

Le crédit apparaît comme le lien du travail et du capital, il est avec la confiance la base du commerce, le principe de sa prospérité. La loi, pour ne pas être illusoire, devait donc, en permettant le commerce au mineur, lui reconnaître une capacité suffisante. Déjà l'ordonnance de mars 1673 avait reconnu au mineur commer-

(1) Locré, XII, p. 391, n° 177, et p. 495, n° 63. — C'était la doctrine de Domat, L. civ., 1re part., liv. IV, tit. 6, sect. 2, n° 7.

çant toute la capacité des majeurs pour les faits relatifs à leur commerce. Le Code reproduisant cette sage disposition déclare que le mineur commerçant n'est pas restituable contre les obligations qu'il a contractées à rsison de son commerce et de sa profession (1). Il ne peut s'agir ici du mineur qui de fait exerce le commerce, mais seulement de celui qui a été légalement autorisé à l'exercer, et qui a rempli les conditions exigées par l'art. 2 du Code de commerce (2). La loi place les artisans sur la même ligne que les commerçants; ils sont réputés majeurs pour les faits de leur profession; mais pour eux il ne peut plus être question d'autorisation; le simple fait de l'exercice d'un art suffit. Peu importe qu'il s'agisse d'un louage de service ou de la vente d'un objet fabriqué d'avance; peu importe même qu'un certain élément commercial se mêle à l'exercice de la profession, si toutefois la main d'œuvre est l'élément principal (3).

Le mineur n'est pas non plus restituable contre ses conventions matrimoniales lorsqu'elles ont été faites avec l'assistance de ceux dont le consentement était requis pour la validité de son mariage. Cette exception suffisamment motivée par la faveur du mariage est pleinement justifiée par la solennité du contrat. De tout temps les jurisconsultes ont admis que celui qui est habile à contracter mariage est habile à consentir les clauses qui doivent régir les biens des époux : « habilis ad nuptias, habilis ad pacta nuptialia. » L'exception ne porte que sur les conventions matrimoniales propre-

(1) Art. 487 et 1308.
(2) Aix, 10 nov. 1817.
(3) Larombière sur 1305.

ment dites. Quant à celles qui en sont distinctes et indépendantes, elles ne tombent pas sous l'exception. Il a été jugé, avec raison, que la vente de droits successifs faite, dans un contrat de mariage, entre l'un des époux et un tiers peut être rescindée pour cause de lésion (1). Il en serait de même si dans le contrat de mariage l'un des époux donnait à l'autre un immeuble en payement de ce qu'il lui doit. Mais nous étendrions l'exception à la disposition du contrat par laquelle une femme dotale autoriserait son mari à poursuivre le partage des biens d'une succession qui lui est échue et à les aliéner (2).

Cependant, dans certains cas, les conventions matrimoniales ne sont pas à l'abri de toute voie d'attaque. Ainsi, aux termes de l'art. 2140, la femme mineure ne peut pas consentir dans son contrat de mariage la réduction de son hypothèque légale. Ainsi encore les conventions matrimoniales resteraient soumises à l'action en rescision, alors même que la nullité du mariage pour défaut d'âge aurait été couverte, pourvu toutefois que le contrat n'eût pas été fait avec l'assistance de ceux dont le consentement était exigé par la loi.

Certaines obligations se forment malgré l'incapacité personnelle de l'obligé, et lient le mineur d'une manière absolue et irrévocable. Telles sont les obligations qui résultent de l'autorité seule de loi, qui procèdent du fait d'autrui, qui naissent des avantages que le mineur a retirés de l'affaire à l'occasion de laquelle il s'est obligé (3).

(1) Bordeaux, 1er fév. 1826.
(2) Cassation, 12 janvier 1847 (Sir., 47. I, 241); — Contra, Bordeaux, 25 janv. 1826 (Sir., 26, II, 246).
(3) Art. 1370.

SECTION II.

Dans certains contrats.

En principe, la lésion, si énorme qu'elle soit, n'est point dans nos lois une cause de rescision pour les majeurs. L'intérêt privé doit céder devant l'intérêt général; il ne faut pas que la société souffre de l'imprudence, de la faute peut-être d'une seule personne; il ne faut pas prononcer facilement une rescision qui atteindra, par ses conséquences, des droits acquis légitimement et de bonne foi par les tiers. Le législateur, épouvanté des inconvenients qui peuvent résulter de la rescision, n'a permis aux majeurs de se plaindre utilement de la lésion que dans certains cas exceptionnels. Il a déterminé limitativement les actes rescindables. Ces actes sont : 1° certaines ventes, 2° les partages, 3° les acceptations de successions.

§ 1. — *Dans la vente.*

La vente est un contrat qui présente un but intéressé pour le vendeur et pour l'acheteur. Chacun d'eux cherche à recevoir l'équivalent de ce qu'il donne, et la valeur reçue présente pour chacune des parties un avantage supérieur à la valeur égale qu'elle abandonne. Si l'égalité n'existe pas du côté du vendeur, la loi présume qu'il a cédé à une nécessité pressante, que sa détermination n'a pas été libre. Voilà pourquoi elle vient à son secours en lui accordant une action pour faire rescinder le contrat. Mais cette rescision a ses dangers, il a fallu la restreindre dans de sévères limites.

Les conditions auxquelles le Code a soumis la rescision du contrat de vente sont au nombre de trois. « *Si le vendeur*, dit l'art. 1674, *a été lésé de plus des sept douzièmes dans le prix d'un immeuble, il a droit de demander la rescision de la vente...* »

Ainsi il faut pour que l'action en rescision soit admissible :

1° Que la lésion soit éprouvée par le vendeur,

2° Que la vente ait pour objet un immeuble,

3° Que la lésion soit supérieure aux sept douzièmes de la valeur de l'immeuble.

La loi ne donne qu'au vendeur le droit d'agir en rescision. Cette différence de position qu'elle crée entre le vendeur et l'acheteur ne dérive pas de la nature du contrat qui est commutatif, elle découle du motif principal qui a fait introduire la rescision. Le législateur a pensé que la propriété présente naturellement à l'homme un grand attrait. L'habitude, les souvenirs, les traditions de famille, tout le rattache à sa terre par un puissant lien, souvent même par une véritable affection. Dieu a mis au cœur de l'homme cette passion bonne, utile, moralisatrice qui lui fait aimer le champ fécondé par les sueurs de ses pères, par les siennes propres. Si donc un propriétaire se résigne à vendre son domaine à un très-bas prix, c'est qu'il se trouve en face d'une grande nécessité, de la misère peut-être, qu'il lui faut de l'argent, de l'argent à tout prix, pour se procurer les choses indispensables. Dans cette situation, la loi vient à son secours, et ne veut pas qu'on abuse outre mesure de son malheur. La contrainte morale qu'il subit et dont l'acheteur profite est réputée prouvée par le résultat. L'acheteur, au contraire, n'est point poussé par un besoin aussi impérieux, aussi inévitable. On n'est jamais forcé d'acquérir. Si le désir de posséder pousse une personne à payer une chose plus qu'elle ne vaudrait pour un autre, c'est que probablement sa position de fortune lui permet de coûteuses fantaisies et qu'à ses yeux, pour sa commodité personnelle, la chose a une valeur spéciale. On ne peut pas présumer que le consentement de l'acheteur n'a pas été moralement libre.

L'action en rescision appartient au vendeur alors même qu'il n'aurait pas été propriétaire. L'acheteur peut bien dans ce cas demander la nullité, en se fondant sur l'art. 1599, mais il ne serait pas recevable à lui opposer un défaut de qualité. Il est son vendeur, cela suffit, d'autant que l'acheteur en niant le droit de son auteur nierait le sien propre. Il pourrait cependant repousser l'action en rescision s'il avait acquis la propriété par une autre voie.

L'action en rescision accordée au vendeur n'est pas uniquement attachée à sa personne. Elle passe aux héritiers, elle se transmet aux cessionnaires, elle peut être exercée par les créanciers eux-mêmes en vertu du principe doctrinal de l'art. 1166. Remarquons au surplus que l'art. 1674 ne s'applique qu'au vendeur majeur. La vente des immeubles du mineur ne peut être faite qu'en justice, et l'action en rescision pour cause de lésion n'a pas lieu dans ces sortes de ventes. Si les formalités exigées par la loi ne sont pas remplies, il n'y a pas une action en rescision, mais il y a une action en nullité.

La rescision pour cause de lésion ne peut être demandée que quand il s'agit de vente d'immeubles :

« Si le vendeur a été lésé de plus des sept douzièmes *dans le prix d'un immeuble*, dit la loi, il a le droit de demander la rescision... » L'ancienne maxime *res mobilis res vilis* a eu assurément ici une grande influence. C'est elle, peut-être, qui a décidé, à leur insu, les rédacteurs du Code à refuser la rescision en matière de vente mobilière. Quoi qu'il en soit, on peut jusqu'à un certain point justifier cette distinction. La valeur des meubles n'a rien de fixe, elle est soumise à des variations rapides et fréquentes qui rendent au moins difficile toute estimation ; quelquefois même il est presque impossible de déterminer cette valeur, ainsi quand il s'agit d'un objet d'art ou d'une antiquité. Enfin, dans le commerce, l'annulation des ventes mobilières eût jeté une ruineuse perturbation. Le Code est absolu, et il s'écarte en ce point de l'ancien droit qui admettait l'action en rescision dans les ventes de choses mobilières d'un grand prix : « Nous avons cru, disait Portalis au Corps législatif, devoir écarter cette exception qui pouvait apporter des gênes trop multipliées dans la circulation des effets mobiliers et entraîner des discussions trop arbitraires pour savoir si un objet est plus ou moins précieux. »

Ces principes conservent toute leur influence et toute leur force alors même que la vente comprend des meubles et des immeubles. Dans un pareil contrat il y a en réalité deux ventes, il faut les distinguer et déterminer par ventilation la portion du prix qui doit vraisemblablement se rapporter aux objets mobiliers. Sur le restant du prix on calculera, eu égard à la valeur des immeubles, s'il y a eu lésion suffisante pour produire la rescision.

Plusieurs auteurs soutiennent que la rescision n'est possible que contre la vente d'un immeuble corporel. Ils croient trouver la justification de leur opinion dans les art. 1675, 1681, 1682. Mais ces trois articles n'ont rien de précis à cet égard et nous pensons que la loi ne distinguant pas, il y a lieu de ne pas distinguer davantage. Rien dans l'art. 1674 ne limite l'étendue du mot *immeuble*, il faut le prendre dans son sens général, et l'expliquer par les art. 517 et 526. Les expressions dont s'est servi Portalis, dans l'exposé des motifs, prouvent que telle est la pensée de la loi : « Nous avons absolument borné, disait-il, l'action rescisoire à la vente des choses immobilières. » D'ailleurs le droit de propriété a la même nature que tous les autres droits et il faut le considérer comme une chose incorporelle. La rescision pourra donc avoir lieu quand il s'agira de la vente d'un droit de servitude.

Cependant l'action en rescision n'est pas admise dans les ventes qui, d'après la loi, ne peuvent être faites que d'autorité de justice (1), telles que les ventes sur expropriation forcée, les ventes de fonds dotaux, celles de biens de mineurs ou d'interdits : « Quand la justice intervient entre les hommes, a dit Portalis, elle écarte tout soupçon de surprise et de fraude. » De nombreuses formalités sont exigées, dans l'intérêt du vendeur, une grande publicité est donnée à la vente pour attirer les acheteurs et faire monter les enchères. Ceux qui ont acheté sous la protection de ces nombreuses formalités sont en droit d'espérer une entière sûreté. Mais ce privilége spécial n'appartient, d'après la loi, qu'aux ventes

____

(1) Art. 1684.

qui ne peuvent être faites que d'autorité de justice.
Celles-là seules seront inébranlables. Il faut considérer
comme faite en justice la vente qui aurait eu lieu devant
notaire, par décision du tribunal, suivant l'art. 954 du
Code de procédure (1). Si l'intervention de la justice
n'est pas indispensable, si c'est par un acte de la libre
volonté du vendeur que la vente a été faite aux enchères, elle sera sujette à rescision. Ainsi en est-il des
ventes sur conversion et des licitations entre majeurs
présents. Ces ventes ont été exclues de l'exception de
l'art. 1684, comme le dit un arrêt de la Cour de Pau,
pour ne pas donner un moyen d'éluder les dispositions
protectrices de la loi, le concours des étrangers n'étant
pas nécessaire (2).

La rescision de la vente présente de graves inconvénients, et il n'est pas possible qu'il y ait une égalité
parfaite entre la chose et le prix; la loi devait donc ne
tenir aucun compte d'une lésion peu importante. Le
vendeur ne pourra demander la rescision que quand il
aura été lésé de plus des sept douzièmes. Il faut reconnaître qu'après avoir admis le principe, le législateur
s'est montré un peu sévère dans l'évaluation du chiffre
auquel doit atteindre la lésion. Peut-être ce résultat est-
il dû aux efforts que firent les adversaires de la rescision pour diminuer les cas d'application de cette action.
Pour savoir s'il y a lésion, il faut comparer le prix
payé par l'acheteur et la véritable valeur de l'immeuble, le prix conventionnel qui est l'ouvrage de la libre
volonté des parties et le juste prix qui est le résultat de

(1) Douai, 1er août 1838 (Sir., 40, II, 21).
(2) Pau, 22 déc. 1832 (Sir., 33, II, 486).

l'opinion commune. Dans le prix payé par l'acheteur, il ne faut pas faire entrer les droits d'enregistrement, car le vendeur n'a point profité des sommes payées au fisc et c'est par rapport à lui que la lésion s'estime ; mais il faut faire entrer en ligne de compte tous les engagements accessoires que l'acheteur a pu prendre, tous les payements qu'il a pu faire, s'ils ont profité au vendeur et s'ils l'ont libéré non-seulement vis-à-vis des tiers qui ont été payés, mais aussi vis-à-vis de l'acquéreur qui a payé (1). Quant à l'immeuble, il s'estimera suivant son état et sa valeur au moment de la vente. Du jour du contrat, en effet, tous les changements survenus dans son état matériel, toutes les variations que sa valeur a subies doivent être pour l'acheteur. Il supporte les risques de la chose, il profite des avantages. Ainsi le trésor trouvé, l'alluvion formée depuis le contrat ne doivent pas être compris dans l'estimation de l'immeuble. En est-il de même des fruits pendants lors de la vente ? Le 15 décembre 1830, la Cour de cassation, cassant un arrêt de la Cour de Limoges, a décidé que les fruits pendants par branches ou racines étant immeubles, devaient être estimés et leur valeur comprise dans l'appréciation du fonds (2). Si, en effet, on ne les faisait pas entrer en ligne de compte, ou n'estimerait pas l'immeuble suivant son état au moment de la vente. Et qu'on ne dise pas avec M. Troplong que les fruits se compensent avec les intérêts. Oui, les intérêts payent les fruits futurs ; mais comment soutenir que les fruits existant au jour du contrat, augmentant la valeur

(1) Massé et Vergé sur Zachariæ, t. IV, p. 319, note 6.
(2) Sir., 31, I, 33.

de l'immeuble, n'aient été pour quelque chose dans le prix, qu'ils se soient compensés avec des intérêts qui n'existaient pas encore ?

Parmi les causes qui peuvent avoir de l'influence sur la valeur de l'immeuble, faut-il comprendre la clause de réméré ? Cette question était déjà discutée entre les anciens auteurs. Pothier ne pense pas que le pacte de réméré diminue pour l'acheteur la valeur de la chose, « puisque, dit-il, le vendeur, quand même elle n'aurait pas été ajoutée, n'en aurait pas moins le droit de rentrer dans son héritage, non pas, à la vérité, par l'action de réméré, mais, ce qui doit revenir au même, par une autre action qui est l'action rescisoire (1). » M. Trolong accepte cette raison et la trouve fort plausible (2). Il ne remarque pas que Pothier commet ici une pétition de principe. La question est précisément de savoir si le vendeur pourra exercer l'action en rescision. N'est-il pas évident que le pacte de rachat doit diminuer la valeur vénale de l'immeuble ? Une propriété assurée n'a-t-elle pas plus de valeur qu'une propriété incertaine ? La chance d'être dépouillé ne compte-t-elle donc pour rien ? La clause de réméré est une charge qui grève la propriété, qui diminue sa valeur, et il faudra l'apprécier comme toutes les autres circonstances qui peuvent influer sur la valeur de l'immeuble et qu'il nous est impossible d'indiquer. Cette question a son importance, car il est préférable pour l'acheteur, que le vendeur rentre dans son bien par l'action de réméré plutôt que par l'action rescisoire (3).

(1) Pothier, *Vente*, n° 347.
(2) Troplong, *Vente*, II, n° 817.
(3) Faber, lib. IV, tit. 30, déf. 27 ; Duvergier, *Vente*, II, n° 92.

La rescision n'est possible qu'autant que le prix a été fixé par les parties. Le vendeur ne pourrait pas se plaindre si la fixation du prix avait été laissée à l'arbitrage d'un tiers. La raison en est dans le motif qui a fait admettre la rescision pour cause de lésion. Quand la fixation du prix a été laissée à l'appréciation d'un tiers, le vendeur ne peut pas soutenir qu'il a été victime d'une oppression, et s'il éprouve un préjudice, ce n'est pas l'exigence de l'acheteur qui le lui cause, c'est l'erreur du tiers qu'il a choisi. La Cour de Lyon a même pensé que cette détermination du prix par un tiers est une véritable sentence arbitrale en dernier ressort, qu'aucune autorité ne pourrait réformer (1).

Si la rescision n'est possible qu'autant que le vendeur a éprouvé une lésion de plus des sept douzièmes, il s'ensuit forcément que les ventes aléatoires ne sont pas rescindables pour cause de lésion.

La vente aléatoire est celle dans laquelle il y a chance de gain ou de perte pour chacune des parties par suite de l'incertitude qui règne au moment du contrat soit sur la valeur de l'objet, soit sur celle du prix. Dans un pareil contrat il est presque impossible d'établir la lésion, on ne peut pas calculer d'une manière précise la proportion du prix payé à la valeur de la chose vendue. Les différents termes de cette proportion sont inconnus et échappent à toute appréciation. Portalis disait dans l'exposé des motifs du titre des contrats aléatoires : « Il ne peut pas y avoir

(1) 24 août 1826; 5 juin 1813; Troplong, I, 158; Duvergier. I, 157; Delamarre et Le Poitvin, *Du contrat de commission*, III, 92 et s.; Bordeaux. 23 juillet 1853 (Sir., 54, II, 427). — *Contra* : Delvincourt, III, p. 355; Duranton, XVI ,116; Aubry et Rau, § 358, n° 4.

de mesure absolue pour régler les choses incertaines, aussi l'action rescisoire a toujours été refusée dans les contrats aléatoires, c'est-à-dire dans les contrats où tout dépend d'un événement incertain (1). » Si cependant la lésion est manifeste, s'il est certain que, dans tous les cas, le prix ne pourra pas atteindre les sept douzièmes de la valeur de l'immeuble, si l'*alea* ne peut avoir d'influence que sur la quotité de la perte subie par le vendeur, l'action en rescision est ouverte (2). La jurisprudence va même jusqu'à considérer comme nulle pour défaut de prix, la vente faite moyennant une rente viagère dont les arrérages resteraient inférieurs aux revenus de l'immeuble (3).

On s'est demandé si la vente d'une nue propriété, d'un usufruit était susceptible de rescision. La même question a été agitée relativement aux ventes de droits successifs. Par la nature de leur objet, ces diverses ventes sont aléatoires, elles ne peuvent donc pas être rescindées pour cause de lésion. Cette opinion a cependant trouvé des contradicteurs même parmi les auteurs qui reconnaissent, en principe, que les ventes aléatoires ne sont pas sujettes à rescision. Plusieurs enseignent que les principes applicables aux ventes faites moyen-

---

(1) Fenet, t. XIV, p. 546; Merlin, v° *Lésion*, § 1, n° 8; Proudhon, *Usufr.*, II, 899; Duvergier, II, 75; Zachariæ, III, § 353; Montpellier, 6 mai 1831 (Sir., 31, II, 278); Cass., 15 déc. 1832 (Sir., 33, I, 394).

(2) Duvergier, II, 75; Aubry et Rau, § 353; Cass., 22 fév. 1836 (Sir., I, 186).

(3) Angers, 21 fév. 1828 (Sir., 30, II, 131); Douai, 30 nov. 1847 (Sir., 48, II, 267); Douai, 14 juin 1852 (Sir., 53, II, 97); Cass., 28 déc., 1831; 30 juin 1841; 7 août 1849 (Sir., 32, I, 300; 41, I, 868; 50, I, 129).

nant une rente viagère ne concernent pas les ventes de
la nue propriété ou de l'usufruit d'un immeuble (1).
Pourquoi cette différence entre ces diverses ventes ? Ne
présentent-elles pas toutes des chances de gain ou de
perte résultant de l'incertitude de la vie humaine?
Si cette incertitude suffit pour repousser l'action dans
un cas, pourquoi ne suffirait-elle pas dans l'autre? Si
une vente aléatoire est sujette à rescision, toutes doivent
l'être. De ce que dans certains cas, le juge est obligé
d'estimer un usufruit, peut-on bien en conclure que la
vente d'un usufruit est rescindable pour cause de lésion?
Le juge ne doit prononcer la rescision que si la lésion
est certaine; il ne faut pas qu'en se fondant sur des pro-
babilités qui seront bien souvent démenties par l'événement, il puisse porter atteinte à la stabilité des conventions. Mais ici se présente encore l'exception que nous
avons signalée plus haut, et nous devons reconnaître
que la rescision est possible dans le cas où la vente n'est
plus réellement aléatoire, où le vendeur est déjà moralement assuré d'une lésion pouvant varier sans jamais
être inférieure aux sept douzièmes.

Quant à la vente d'une hérédité, il faut distinguer si,
selon les stipulations intervenues entre les parties,
cette vente est aléatoire ou non. Il n'est pas douteux,
par exemple, que la vente de tous mes droits dans telle
succession, aux risques et périls de mon acquéreur, ne
soit inattaquable pour cause de lésion. Cette vente est
en effet, aléatoire, il peut se faire que la succession soit
bonne, comme il peut arriver qu'elle soit onéreuse ; les
dettes connues peuvent n'être pas les seules. Mais si le

(1) Troplong, II, 790 et s.; Duranton, XVI, 442.

vendeur s'est obligé à la garantie en cas d'éviction des immeubles et si, en même temps, il a pris les dettes à sa charge, l'acheteur n'ayant point de chances à courir, la vente cesse d'être aléatoire, la lésion devient possible et avec elle la rescision.

La lésion, cause de rescision de la vente, est aujourd'hui sans influence sur tous les autres contrats, même sur ceux qui ont avec la vente la plus grande analogie. L'art. 1706 a pris le soin de dire que la rescision pour cause de lésion n'a pas lieu dans le contrat d'échange. Il en serait ainsi même dans le cas où l'échange aurait eu lieu avec soulte, à moins que la convention ne dût, à raison de la quotité de la soulte, être considérée comme constituant en réalité une vente. La raison en est que l'échange a lieu par des motifs de convenance réciproque, et que, si quelquefois on est forcé de vendre, on n'est jamais forcé d'échanger. Le contrat de louage n'est pas non plus sujet à rescision pour cause de lésion. Le Code, par son silence, a confirmé cette doctrine généralement enseignée par nos vieux auteurs (1). M. Duvergier s'étonne que le fermier n'ait pas l'action en rescision. Mais le reproche d'inconséquence que le savant auteur adresse au législateur est-il bien mérité? Peut-on comparer le fermier au vendeur? Il paye pour avoir les fruits, il en est en quelque sorte l'acheteur. Dira-t-on qu'il vend son industrie? Mais la lésion ne produit effet que dans les ventes d'immeubles. A quel titre donc le législateur devait-il lui donner l'action en rescision? L'art. 2052

______

(1) Dumoulin, *Sur la cout. de Paris*, §. 33, glos. 1, n°° 44 et 47; Brillon, v° *Bail*, n° 23; Domat, liv. I, tit. IV, sect. I, n° 8 ; Pothier, n° 36.

décide que les transactions ne peuvent pas être attaquées pour cause de lésion.

§ 2. — Dans les partages.

L'état d'indivision est le plus souvent amené par des rapports qui prouvent ou établissent entre les parties certains liens d'affection réciproque. Le partage doit être empreint de ce caractère et exempt de toute pensée de spéculation et de bénéfice. Il constitue un pacte de famille, un accord de bonne foi et de loyale confiance dans lequel chacun ne désire que ce qui lui appartient et dont l'égalité doit être la base. Ce but d'égalité, également dans le vœu des parties et de la loi, est la raison pour laquelle l'action en rescision a été admise en cette matière. Quand la lésion dépasse une certaine limite, le législateur considère le partage comme vicié en son caractère essentiel, il craint que l'un des copartageants n'ait sacrifié ses droits sous l'empire d'une certaine pression morale. De là l'importante disposition de l'art. 888 qui admet l'action en rescision contre tout acte qui a pour objet de faire cesser l'indivision. La loi ne pouvait pas faire dépendre la protection qu'elle accorde à la partie lésée de la dénomination mensongère ou inexacte donnée à l'acte, elle ne l'a pas même fait dépendre du caractère intrinsèque de cet acte. C'est ainsi, croyons-nous, qu'il faut entendre l'art. 888. Ses termes généraux et absolus ne semblent pas permettre le doute, surtout si on observe que telle était la doctrine qui avait fini par triompher dans notre ancien droit (1).

(1) Lebrun, liv. IV, ch. I, n° 66; Pothier, *Des succ.*, ch. IV, art. 6; Bretonnier, sur Hénrys, liv. IV, q. 173.

Rien n'est d'ailleurs plus raisonnable que cette interprétation, car le caractère du partage domine toujours et essentiellement dans un acte qui intervient entre communistes pour faire cesser l'indivision (1). On nous oppose un argument *a contrario* que l'on prétend tirer des mots de l'article : « *encore qu'il fût qualifié de vente, d'échange et de transaction, ou de toute autre manière.* » Mais cet argument n'est rien moins que concluant, il tend à faire de l'article une disposition inutile, car il ne peut venir à l'idée de personne de soutenir que la fausse qualification donnée à un acte est capable d'en changer le caractère.

Cependant la transaction soulève certaines difficultés. L'art. 888 pose le principe qu'en général la transaction qui fait cesser l'indivision est rescindable pour cause de lésion. « Mais, ajoute la loi, après le partage ou l'acte qui en tient lieu, l'action en rescision n'est plus admissible contre la transaction faite sur les difficultés réelles que présentait le premier acte, même quand il n'y aurait pas eu à ce sujet de procès commencé. » Cette dernière proposition est très-naturelle, le partage étant consommé, la transaction qui intervient sur les difficultés qu'il présente est indépendante et n'admet que les règles ordinaires des transactions. Mais il faut que les difficultés soient réelles ; la loi ne respecte la transaction qu'à cette condition. Elle ne veut pas que les copartageants puissent par une prétendue transaction sur

(1) Cass., 12 août 1829 (Sir., 29, I, 427); Cass., 16 fév. 1852 (Sir., 42, I, 337); Duvergier sur Toullier, II, n° 577, note *a* ; Zachariæ, Aubry et Rau, t. V, p. 281 ; Demolombe, t. XVII, 482. — *Contra* : Chabot, art. 888; Toullier, t. II, n° 577 ; Duranton, t. VII, n° 566 ; Toullier, t. III, p. 393, 394 ; Marcadé sur 888.

des difficultés imaginaires « rendre obligatoire, comme l'observe M. Demolombe, une renonciation générale à l'action en rescision pour cause de lésion, qui avait été convenue entre eux, et qu'ils savaient bien ne pas pouvoir insérer valablement dans l'acte même de partage (1). » A part cette hypothèse de simulation, l'action en rescision n'est pas admise contre la transaction intervenue après partage, car alors elle ne fait pas cesser l'indivision.

Quant à la transaction faite avant, ou en même temps et par le même acte que le partage, sera-t-elle nécessairement soumise à la rescision? C'est là une question qui a soulevé de vives controverses dans la doctrine et la jurisprudence. Quelques auteurs soutiennent une doctrine absolue et soumettent à l'action en rescision toutes les transactions qui ne sont pas postérieures au partage. Telle était l'opinion de Lebrun et de Bretonnier ; il est vrai que Dumoulin faisait une distinction, mais l'ancienne jurisprudence la repoussait. Le projet de Code envoyé à l'examen des Cours avait été rédigé dans le sens de Dumoulin. L'art. 217 portait : « L'action en rescision n'est point admise contre le partage fait à titre de transaction, pourvu qu'il existât, lors de l'acte, des difficultés de nature à donner lieu à une contestation sérieuse. — Mais si la transaction contenue en l'acte de partage n'a porté que sur une difficulté particulière, le partage n'est irrévocable que quant à ce ; et il peut être attaqué, pour le surplus des opérations, s'il en est résulté une lésion de plus du quart (2). » Cet ar-

(1) Demolombe, XVII, 434.
(2) Fenet, t. II, p. 158 et 159.

ticle fut combattu par la Cour de Paris qui proposa une autre rédaction plus nette et plus absolue. Cette nouvelle rédaction, après une grave discussion au sein du conseil d'Etat, finit par triompher. L'art. 888 n'admet plus aucune distinction, et ne rejette la rescision que dans le cas où la transaction est postérieure au partage ou à l'acte qui en tient lieu. On peut ajouter que tout acte qui intervient pendant l'indivision a toujours pour objet le partage au moins indirectement. D'ailleurs la distinction que l'on veut introduire est pleine d'incertitude et d'arbitraire, elle n'est ni si vraie ni si forte qu'elle doive prévaloir sur la lettre et l'esprit de la loi (1).

Devant ces arguments qu'il croit décisifs, M. Foucher ne comprend la discussion, il s'étonne qu'on puisse soutenir une doctrine contraire à la sienne. Cependant son système n'a fait de nombreux prosélytes ni dans la doctrine ni dans la jurisprudence. C'est qu'en effet, on peut lui reprocher son exagération et le trouver en opposition tant avec la lettre qu'avec l'esprit de la loi. Pour nous, tout en déclarant rescindable toute transaction se rapportant aux opérations du partage, il nous est impossible d'admettre la rescision si les parties ont seulement transigé sur les difficultés qui se sont élevées relativement à leurs droits et à leurs obligations. En effet, une telle transaction ne se rapporte pas encore à l'exécution même du partage, elle n'a pas pour objet de faire cesser l'indivision, elle tend seulement à déterminer les droits et les obligations de chacun, elle ne tombe donc pas sous l'application du premier alinéa de l'art. 888.

(1) Belost Jolimont, sur Chabot, art. 888, obs. 1 ; Victor Foucher, *Revue étrangère et française,* t. III. p. 608.

Ce texte de loi est formel et n'admet la rescision que contre l'acte qui a pour objet de faire cesser l'indivision. L'argument que fournit le rejet de l'art. 217 du projet de l'an XIII est impuissant à faire triompher un système contraire au texte de la loi. Cet article du projet n'admet pas la rescision *contre le partage fait à titre de transaction*; c'est cette disposition que les rédacteurs du Code ont entendu rejeter par l'art. 888. Quant à l'ancien droit, il n'a rien à faire dans le débat; on ne peut invoquer son autorité, puisque la question, de l'aveu même de nos adversaires, y était controversée.

Sans doute, les partisans du système adverse ne confondront pas le jugement d'homologation du partage avec le jugement intervenu sur les difficultés qui se seraient élevées entre les communistes sur leurs droits et leurs obligations, et ils donneront à ce dernier toute l'autorité et toute la force de la chose jugée. Mais cette distinction que l'on applique aux décisions judiciaires, pourquoi la rejeter pour les transactions? L'art. 2053 ne déclare-t-il pas que les transactions ont entre les parties toute l'autorité de la chose jugée en dernier ressort? Et de ce principe, ce même article ne déduit-il pas immédiatement la conséquence que les transactions ne peuvent pas être attaquées pour cause de lésion? Pourquoi enlever aux parties la faculté de déterminer leurs droits et leurs obligations à l'amiable par une équitable transaction! Pourquoi les pousser aux procès, les forcer à recourir aux tribunaux (1)?

---

(1) Cass., 14 mars 1832 (Sir., 33, 1, 209); Cass., 2 déc. 1863 (Sir., 34, 1, 31); Chabot, art. 888, n° 4; Duranton VII, 580; Poujol, art. 888, n°° 2-4; Malpel, n° 314; Follet de Conflans, art. 888; De-

Cette transaction serait inattaquable alors même qu'elle serait contemporaine du partage, qu'elle serait insérée dans l'acte même qui fait cesser l'indivision, pourvu toutefois qu'elle en formât une clause spéciale et distincte. Si, au contraire, la convention et le partage ne formaient ensemble qu'une seule et unique convention, nous n'hésiterions pas à faire prédominer le caractère du partage et à déclarer cette convention rescindable; nous avons, en effet, admis la rescision contre l'acte qui fait cesser l'indivision, quel que soit d'ailleurs son caractère, qu'il se présente comme une vente, comme une transaction. Cette solution s'appuie encore sur l'intention du législateur qui admet la rescision contre tout acte qui a pour objet de faire cesser l'indivision (1). Cependant, quelques auteurs, à tort, croyons-nous, font prédominer la transaction sur le partage que dans ce cas ils déclarent inattaquable (2).

Il est important de remarquer qu'un acte n'est pas rescindable pour cause de lésion par cela seul qu'il met fin à l'indivision; il faut qu'il ait eu *pour objet* de la faire cesser. Ainsi la rescision est inadmissible contre la donation de droits successifs que l'un des cohéritiers fait à l'autre. Cet acte n'a pas eu pour but la cessation de l'indivision, mais une libéralité (3). Quant aux actes qui ont pour objet de faire cesser l'indivision, ils sont

molombe, XVII, 439; Aubry et Rau, V, p. 282; Massé et Vergé, II, p. 381-383; etc.

(1) Nîmes, 19 floréal an XIII (Sir., 1805, II, 624); Cass., 12 août 1829 (Sir., 29, I, 427); Cass., 16 fév. 1842 (Sir., 42, I, 337); Demolombe, XVII, 440; Aubry et Rau, V, p. 282-284.

(2) Cass., 22 août 1831 (Sir., 31, I, 327); Marcadé, art. 888, II; Demante, III, 233 *bis*; Massé et Vergé, II, 384.

(3) Cass., 5 déc. 1842 (Sir. 43, I, 23).

tous sans exception soumis à la rescision. De même on
ne fait aucune distinction entre les différents partages;
ils sont tous rescindables, qu'ils soient faits à l'amiable
ou en justice. Il en est ainsi alors même que le partage,
à raison de la qualité des parties intéressées, ne pourrait être que judiciaire. La disposition de l'art. 1684 n'a
pas été reproduite en cette matière et les motifs qui
l'ont fait admettre pour la vente ne se rencontrent
pas ici. Malgré les garanties que présente la procédure
des partages, la lésion est encore possible. Le tribunal
homologue purement et simplement le partage, il suppose qu'il ne blesse point l'égalité, mais il ne décide rien
à cet égard. Toutefois il serait inattaquable si la justice
ne s'était pas bornée à un simple acte de juridiction
volontaire. Le jugement qui, intervenu sur une contestation entre les copartageants, a établi les bases des
opérations du partage, constitue un acte de juridiction
contentieuse revêtu de toute l'autorité de la chose jugée,
et l'action en rescision n'est dès lors recevable que
sous la condition de ne porter aucune atteinte aux
points qu'il a résolus (1).

Malgré les hésitations de l'ancien droit, on doit admettre la rescision, encore que les lots aient été tirés au
sort, car ce mode de procéder n'enlève pas les chances
d'erreur (2). Le partage partiel, tout aussi bien que le
partage total, peut être attaqué pour cause de lésion. Il
en est de même de la licitation, qui n'est entre copartageants qu'une forme de partage. Mais si l'adjudicataire

(1) Cass., 14 juin 1838 (Sir., 38, 1, 831); Dutruc, n° 607; Aubry et
Rau, V, p. 284, 285.
(2) Ducaurroy, Bonnier et Roustain, II, 805.

est un étranger, il faut se reporter aux principes admis en matière de vente (1).

La simple omission dans le partage d'une valeur commune ne donne lieu qu'à un partage supplémentaire. L'acte primitif est maintenu si en lui-même et dans les limites de ses effets, il ne cause pas à l'une des parties une lésion pouvant amener sa rescision.

L'action en rescision, aux termes de l'art. 889, est inadmissible « contre une vente de droits successifs faite sans fraude à l'un des cohéritiers, à ses risques et périls, par ses autres cohéritiers ou par l'un d'eux. » Cette vente a bien pour objet de faire cesser l'indivision, et si elle n'est pas soumise à la rescision, c'est à cause de son caractère aléatoire. Ce qui a été vendu, ce sont les chances à courir par suite de l'incertitude où sont les cohéritiers sur le véritable état de l'actif et du passif de cette hérédité. Cette exception n'a lieu qu'autant que la convention est véritablement aléatoire, et elle ne sera aléatoire qu'autant qu'elle réunira toutes les conditions exigées par l'art. 889. Il faut qu'il s'agisse d'une vente *de droits successifs*, c'est-à-dire de la vente de l'intégralité ou d'une quote-part de la portion héréditaire du cédant, avec ses incertitudes et ses chances. La réserve que le cédant aurait faite de quelques objets héréditaires déterminés ne ferait pas perdre au contrat le caractère de cession de droits successifs (2).

Il faut ensuite que la vente soit faite *aux risques et*

<hr>

(1) Lyon, 20 déc. 1835 (D., 37, II, 98); Merlin, v° *Lésion*, § 4, n° 7; Duranton, VII, 576; Foüet de Conflans, art. 885.

(2) Bordeaux, 26 fév. 1851 (Sir., 51, II, 424); Vazeille, art. 889, n° 3; Dutrue, n° 614, — cependant Dijon, 9 mars 1830 (Sir., 30 II, 327); Zachariæ, Massé et Vergé, II, p. 387.

périls du cessionnaire, c'est-à-dire que le cessionnaire ait pris à son compte toutes les dettes et charges connues ou inconnues de l'hérédité sans se réserver, contre son cédant, de recours en garantie, sauf l'application de l'art. 1696. Il suffit que cette condition résulte implicitement de la cession, quoique l'acte ne renferme aucune clause expresse à ce sujet (1).

Enfin l'art. 889 exige que la cession ait été faite *sans fraude*. Ces mots ne veulent pas dire que le contrat doit être exempt de dol et offrir un consentement parfaitement libre, car ces conditions sont communes à toutes les conventions. La signification véritable de ces mots, c'est que le traité étant aléatoire, il faut qu'il y ait incertitude réciproque sur la valeur des droits cédés. Sans cela, en effet, la cession ne serait aléatoire qu'en apparence.

L'art. 889 s'applique à tous les actes qui rentrent dans l'hypothèse d'une cession aléatoire de droits successifs entre cohéritiers; ainsi à la renonciation faite à prix d'argent par un cohéritier au profit de son cohéritier (2).

L'art. 888 doit s'étendre à tous les partages entre communistes, même aux partages d'ascendants autorisés par les art. 1075 et suivants. L'art. 1079 dit, en effet : « Le partage fait par l'ascendant pourra être attaqué pour cause de lésion de plus du quart. »

---

(1) Art. 1696 ; Cass., 3 juin 1840 (Sir., 40, I, 895); Cass., 7 déc. 1747 (Sir., 48, I, 132) ; Nîmes, 2 janv. 1855 (D., 55, II, 170); — cependant, Toulouse, 3 mars 1830 (Sir., 30, I, 322) ; Bordeaux, 26 fév. 1851 (D. 52, II, 42) ; Malpel, n° 314 ; Troplong, *Vente*, II, n° 790.

(2) Nîmes, 2 janv. 1855 (D., 55, II, 170) ; Duranton, III, 567 ; Championnière et Rigaud, t. III, 2718.

La loi ne peut pas exiger une égalité mathématique entre les copartageants. Elle a dû, pour éviter une trop grande quantité de procès d'intérêt minime, poser une limite raisonnable en deçà de laquelle la lésion ne motiverait plus une rescision. La nature particulière du partage a fait admettre la rescision pour lésion de plus du quart. Toutefois, cette limite, comme l'observe M. Demolombe, ne concerne que le partage des biens corporels. Les créances, en effet, se divisent de plein droit et ne sont pas dès lors, entre cohéritiers, l'effet d'un véritable partage. De plus, on ne rencontre pas ici le motif qui a fait exiger une lésion de plus du quart : l'incertitude plus ou moins inévitable des évaluations (1). Si enfin la lésion n'est que le résultat d'une simple erreur de calcul, elle devra être réparée lors même qu'elle ne serait pas de plus du quart.

L'héritier qui se plaint doit prouver qu'il a reçu moins des trois quarts de ce qui devait lui revenir. Il ne serait pas recevable à attaquer le partage si l'un des copartageants ayant reçu plus du quart en sus de sa part, le déficit se répartissait entre tous les autres au lieu d'être à la charge d'un seul. Le déficit de plus du quart doit résulter de l'évaluation totale des objets du lot. Il ne suffirait pas que sur un objet particulier le copartageant eût reçu moins des trois quarts de ce qu'il lui fallait, si d'ailleurs la valeur totale du lot n'était pas de plus d'un quart au-dessous de son droit. Le copartageant lésé pourra demander la rescision alors même que le partage aura été partiel, et la lésion se calculera d'après les valeurs partagées. Mais si au moment où la demande

(1) Demolombe, XVII, 416.

est formée, il y a eu déjà plusieurs partages, chacun de ces partages doit-il être envisagé isolément, ou, au contraire, n'est-ce que dans leur rapprochement et leur combinaison qu'il faut rechercher s'il y a eu ou non lésion ? La jurisprudence et la majorité des auteurs réunissent les partages pour les apprécier dans leur ensemble (1). Cependant plusieurs auteurs veulent considérer les partages comme indépendants les uns des autres, et ils soutiennent ainsi leur thèse (2) :

Le partage est définitif, il a donc une existence propre et indépendante. L'un de ces partages partiels pourrait être attaqué séparément pour cause de dol et de violence, pourquoi ne pourrait-il pas être attaqué séparément pour cause de lésion? Est-ce que l'art. 887 fait une distinction entre la lésion et le dol et la violence? Ce partage partiel a été fait de la même manière qu'un partage total, c'est-à-dire d'une manière définitive. Pourquoi donc faire entre eux une distinction qui aurait de fâcheuses conséquences? Si on déclare les partages partiels solidaires les uns des autres, on arrivera à les rescinder alors même qu'aucun d'eux ne sera en soi rescindable, la lésion pouvant naître de leur rapprochement (3). Et que fera-t-on quand l'un d'eux aura plus de dix ans de date?

Ces considérations n'ont pas touché la Cour de cassa-

(1) Cass. 27 avril 1841 (Sir., 41, I, 388); Rouen, 4 mars 1838 (Sir., 39, II, 191); Aubry et Rau, V, p. 280; Duvergier, sur Toullier, II, 576, note 6; Dutruc, n° 620, Bertauld, *Quest. prat.*, n°° 573 et suiv.

(2) Duranton, VII, 576; Rolland de Villargues, v° *Léston*, n°° 82 et s.; Arm. Dalloz, *Dict.*, v° *Resciston*, n° 130.

(3) Demolombe, XVII, 428-3°.

tion. Elle se refuse à apprécier les partages séparément, dans la crainte de prononcer une lésion qui n'aurait rien de réel, le désavantage de l'acte attaqué pouvant être compensé par l'avantage résultant de tous ou de certains actes semblables. Comment, en effet, admettre que l'un des copartageants enrichi aux dépens de ses copartageants, par plusieurs partages comprenant des biens considérables puisse venir se plaindre d'avoir été lésé de plus du quart dans le partage de quelques biens de peu d'importance ? Si aucun des partages partiels n'est protégé par la prescription, rien ne s'oppose à ce qu'on les apprécie dans leur réunion. Il ne peut y avoir dans ce mode de procéder que des avantages. Si la prescription peut être opposée au partage dont on se plaint, le copartageant lésé est déchu du droit de faire vérifier la lésion; on lui opposera son silence prolongé et la présomption qu'il fait naître. Si, au contraire, c'est le partage dont le rapprochement doit effacer la lésion qui remonte à plus de dix ans, on peut en tenir compte pour repousser l'action en rescision. Le défendeur ne réclame pas la rescision de ce partage, il le respecte, il le prend tel qu'il est pour le combiner avec les partages ultérieurs, afin d'en corriger les résultats. La prescription ne peut pas s'opposer à cette combinaison. M. Demolombe nous fait une objection dont il est permis de s'étonner : « Mais alors, s'écrie le savant professeur, on verra demander la rescision de tous ces partages partiels ensemble, alors pourtant qu'aucun d'eux ne serait, en soi, véritablement rescindable ! » (1) Il est difficile que si aucun des partages n'a causé séparément une lé-

(1) Demolombe, XVII, 428-3°.

sion de plus du quart, la somme de ces partages puisse produire cette lésion. Nous n'avons pas à démontrer ce théorème d'arithmétique (1).

Pour apprécier la lésion, il faut une estimation. Cette estimation doit porter non-seulement sur les biens compris expressément dans le partage, mais encore sur ceux qui n'y ont été rapportés que fictivement. Il faut évidemment rechercher, dans tous les cas, la valeur qu'avaient les objets partagés au moment du partage, sans avoir égard aux augmentations et diminutions ultérieures. « Pour juger s'il y a eu lésion, dit l'article 890, on estime les objets suivant leur valeur à l'époque du partage. »

La fixation de la quotité de la lésion présente dans les partages d'ascendants quelques circonstances particulières. Il faut distinguer plusieurs hypothèses :

Si l'ascendant n'a pas disposé de la quotité disponible, il n'y a pas de difficultés. Le partage sera rescindable si l'un des enfants a reçu moins des trois quarts de son droit, bien que ce qu'il a reçu dépasse sa réserve. Si l'ascendant a donné la quotité disponible à un étranger, la rescision ne sera encore possible que dans le cas où l'un des enfants aura éprouvé une lésion de plus du quart. Enfin, si l'ascendant a fait un avantage à l'un de ses enfants, le partage peut être rescindable, bien qu'aucun des enfants ne soit lésé de plus du quart. C'est ce qui aura lieu au cas où le préciputaire aura reçu quelque chose au delà du disponible et d'une part exacte de réserve. L'art. 1079 est, en effet, ainsi conçu dans sa dernière partie : « Il pourra l'être (atta-

(1) Bertauld, Quest. prat. et doct., nos 570 et suiv.

qué) aussi dans le cas où il résulterait du partage et des dispositions faites par préciput, que l'un des copartagés aurait un avantage plus grand que la loi ne le permet. » La loi n'a pas voulu que l'ascendant pût dépasser en faveur de l'un des copartagés la quotité disponible.

La question de savoir si, dans ce cas, il y aura lieu à la rescision ou seulement à la réduction a fait doute. Dans un premier système généralement admis, on voit une rescision dans les deux hypothèses de l'art. 1079, et on se fonde sur ce que le législateur les a réunies sans distinguer l'une de l'autre, sur ce qu'il emploie dans les deux cas la même expression *pourra être attaqué* (1). Dans un second système défendu par MM. Aubry et Rau, on veut voir une action en rescision dans le premier cas de l'art. 1079, et une simple action en réduction dans le second (2). Quant à la jurisprudence, elle est indécise et offre des documents à l'appui de chaque système.

L'enfant préciputaire pourra lui-même demander la rescision du partage si le disponible lui ayant été donné par acte séparé, il ne reçoit pas dans le partage les trois quarts de la réserve (3).

Pour apprécier la lésion, il faut déterminer la valeur des biens. Mais à quel moment se placer pour fixer cette valeur? Si le partage a été fait par testament, il n'y a pas de difficulté, c'est le décès de l'ascendant qui rend

(1) Delvincourt, II, p. 161, 162; Duranton, IX, 644; Troplong, IV, 2333; Grenier, II, 401.
(2) Aubry et Rau, VI, § 734,-2°.
(3) Caen, 21 mars 1838 (Sir., 38, II, 419); Genty, *Des part. d'asc.*, p. 306.

le partage exécutoire. S'il a été effectué entre-vifs, on peut se demander s'il faut, appliquant l'art. 890, estimer les objets suivant leur valeur à l'époque du partage, ou bien s'il faut s'en tenir à l'art. 922 et prendre la valeur des choses au moment du décès du donateur. L'art. 1076 semble imposer cette seconde opinion. C'est en effet le décès du donateur qui fixe irrévocablement les droits de ses descendants (1).

Mais pour établir cette lésion faudra-t-il considérer le partage en lui-même et faire abstraction des autres biens que le défunt a laissés dans sa succession? La Cour de cassation l'a cru, et, le 4 février 1845, elle a rendu une décision en ce sens. Cependant elle a depuis abandonné cette doctrine. Le principe général qui veut que, dans les questions de réserve et de réduction, on se reporte au décès de l'ascendant a motivé cette nouvelle jurisprudence. Le partage opéré entre-vifs ne s'apprécie plus indépendamment des autres biens de l'ascendant, on ne le considère plus que comme un avancement d'hoirie. Le *de cujus* ne laisse pas deux masses, l'une partagée de son vivant, l'autre recueillie à son décès (2).

Dans le cas particulier d'un partage entre associés, prévu par l'art. 1854, le législateur n'a pas déterminé la quotité de la lésion. Il s'est contenté de dire que *le règlement des parts ne peut être attaqué s'il n'est évidemment contraire à l'équité.*

(1) Cass., 18 fév. 1851 (Sir., 51, I, 340).
(2) Cass., 18 déc. 1854 (D., 55, I, 55) ; Troplong, n° 2338 ; Genty, p. 317.

§ 3. — *Dans l'acceptation de succession.*

L'acceptation d'une succession constitue un acte ir-révocable de sa nature : *semel heres, semper heres.* A cette irrévocabilité la loi est venue apporter une exception en cas de lésion. Aux termes de l'art. 783, l'héritier majeur qui a accepté une succession « ne peut jamais réclamer sous prétexte de lésion, excepté seulement dans le cas où la succession se trouverait absorbée ou diminuée de plus de moitié, par la découverte d'un testament inconnu au moment de l'acceptation. » Une succession, quelque opulente qu'elle puisse paraître, est souvent soumise à de périlleuses éventualités qui peuvent tromper les espérances les mieux fondées. Cependant le préjudice que l'héritier éprouvera ne l'autorisera pas, du moins en général, à demander la rescision de son acceptation. Ici encore la lésion n'apparaît dans nos lois que comme une exception, comme une sauvegarde extraordinaire.

Il peut se faire que cette succession soit grevée de dettes considérables inconnues de l'héritier. Dans ce cas, l'héritier ne pourra pas se plaindre. Jamais, ni dans le droit romain ni dans notre ancien droit, la découverte de dettes, même considérables, n'a autorisé l'héritier à attaquer son acceptation (1). Lebrun dit que l'on considère l'acceptation *comme un forfait sur un événement incertain.* Notre Code a hérité de ces traditions. Dans la séance du conseil d'État du 9 nivôse an XI, M. Réal demanda que l'apparition d'une créance

---

(1) Pothier, *Succ.*, ch. III, sect. 3, § 4 ; Basnage, *Sur l'art.* 225 *de la cout. de normandie* ; Lebrun, liv. III, ch. I, n° 44.

diminuant la succession de plus de moitié pût autoriser l'héritier à revenir sur son acceptation ; et M. Tronchet répondit que le remède au danger que pouvait courir l'héritier était le bénéfice d'inventaire (1).

Des revendications, des résolutions peuvent venir diminuer notablement l'actif héréditaire, alors que l'héritier ne soupçonnait pas même ces causes de ruine. Cependant l'héritier ne pourra pas encore faire rescinder son acceptation. Le tribunal de cassation avait demandé d'ajouter cette cause de rescision à l'art. 88 du projet, mais sa proposition fut repoussée (2).

Il peut arriver aussi que la succession importante en apparence soit diminuée par des aliénations secrètes, consenties antérieurement aux tiers. Le *de cujus* avait vendu ou donné sous réserve d'usufruit. Ici encore l'héritier invoquerait en vain l'art. 783 qui ne s'occupe que de la découverte d'un testament inconnu. La loi lui a donné le temps et les moyens de peser les forces de l'hérédité et de réfléchir. Avec quelque diligence, il aurait trouvé dans les papiers du défunt les indications qui pouvaient lui être nécessaires ; il devait connaître l'état de fortune du *de cujus*, ses habitudes, sa prudence, ses économies ; s'il a pu les ignorer, c'est qu'il n'a pas mis dans ses recherches assez de soin. Il aurait pu enfin, dans le doute, n'accepter que sous bénéfice d'inventaire.

Mais la succession sur laquelle il a pu légitimement compter, qu'il a administrée avec sollicitude, peut lui échapper par la découverte d'un testament. Alors l'art.

(1) Fenet, XII, p. 45-46.
(2) Fenet, XII, p. 139 et 169.

783 s'applique et la lésion devient une cause de rescision. L'héritier peut se dégager des effets de son acceptation, parce que toutes ses diligences ont pu être inutiles, parce que le testament est un acte secret que l'héritier ignore presque toujours. La loi présume qu'il lui a été impossible de le connaître, toutefois cette présomption peut tomber devant une preuve contraire.

L'art. 783 est le siége de nombreuses controverses. Il présente une des questions les plus obscures de notre droit que les travaux préparatoires eux-mêmes sont incapables d'éclaircir. La découverte d'un testament qui absorbe ou diminue l'hérédité de plus de moitié est une cause de rescision de l'acceptation. La découverte de ce testament constitue donc l'héritier en perte.

Si l'on admet que l'héritier pur et simple est tenu des legs comme des dettes *ultra vires*, l'art. 783 ne souffre plus de difficulté, l'hypothèse d'une lésion se comprend très-bien (1). Mais on décide généralement que l'héritier n'est pas tenu des legs sur ses biens personnels, et alors comment sera-t-il lésé ? De deux choses l'une : le passif est-il supérieur ou égal à l'actif, le legs est nul ; le passif est-il inférieur à l'actif, les legs seront payés par contribution. Dans aucune hypothèse l'héritier ne court risque de perdre. S'il s'agit d'un legs universel ou à titre universel, la difficulté est encore plus grande. Le legs universel peut priver l'héritier d'un gain, mais il ne lui causera jamais de préjudice, puisqu'il le dépouille de la succession activement et passivement. Le legs à titre universel pourra bien ré-

---

(1) Duranton, VI, 462; Demolombe, II, 522; Aubry et Rau, V, p. 180 et 192.

duire le bénéfice de l'héritier, mais ne pourra pas le constituer en perte, car en prenant une partie de l'actif, le légataire se charge d'une part porportionnelle de passif.

Les commentateurs ont trouvé cependant des combinaisons dans lesquelles l'héritier peut être lésé.

Les uns pensent que l'article 783 a pour but de garantir l'héritier contre les dettes qui se découvriraient après l'acquittement des legs et qui pourraient lui causer une perte, parce que les légataires sont devenus insolvables. Mais cette hypothèse est-elle bien celle de l'art. 783? La majorité des auteurs le pense (1). Cependant, à cette opinion, on peut faire plusieurs objections.

L'art. 783 autorise la rescision *pour lésion*, une simple crainte de lésion ne peut pas suffire. La rescision ne sera donc pas possible avant la découverte des dettes, et, d'un autre côté, si l'héritier attend, pour demander la rescision, que les légataires soient devenus insolvables, que les créanciers se soient fait connaître, on sort également des termes de la loi, car la lésion ne résulte plus du testament.

Quelques auteurs préfèrent 'voir' dans l'art. 783 une garantie contre des legs qui ne se découvriraient que postérieurement aux rapports effectués par le donataire (2). Jean a deux neveux, Pierre et Paul. Il a fait donation à Pierre de 50,000 fr. Plus tard il meurt laissant 100,000 fr. d'actif sans aucune dette. Pierre n'hésite pas à accepter la succession de son oncle; il rapporte les 50,000 fr. qu'il a reçus et la succession

____

(1) Demante, III, 103 et 103 *bis*; Mourlon, II, 237 ; Marcadé, sur 683, n° 3; Villequez, *Revue de dr. fr. et étr.*, t. VII, p. 234.

(2) Bugnet, à son cours ; Ducaurroy, II, 581.

de 150,000 fr. par suite du rapport, se partage entre Pierre et Paul. Chacun d'eux recueille 75,000 fr. Quelque temps après, on découvre un testament par lequel Jean a fait divers legs dont la somme dépasse 50,000 fr. Ce testament absorbe plus de la moitié de la succession ; il constitue Pierre en perte, et l'autorise à se dégager des effets de son acceptation. Il n'aurait pas pu se soustraire à cette perte même en acceptant sous bénéfice d'inventaire. C'est bien là l'hypothèse prévue par la loi. Et, en effet, l'art. 783 ne doit s'appliquer que dans le cas où l'héritier ne trouverait pas dans le bénéfice d'inventaire une garantie suffisante. Cela résulte de la réponse faite par M. Tronchet à M. Réal.

Pour que l'action en rescision soit recevable, il faut que le testament découvert absorbe ou diminue la succession *de plus de moitié*. Il s'agit de la moitié de la *succession*, c'est-à-dire de l'actif brut.

L'art. 783 suppose que la rescision est demandée par un héritier majeur. Faut-il en conclure que le mineur ne peut pas faire rescinder son acceptation ? Non, assurément; si la loi n'a parlé que du majeur, c'est que le mineur est restituable par sa seule qualité jointe à une lésion quelconque. L'argument *a contrario* qu'on prétendrait tirer de l'art. 783 serait en opposition avec la protection exceptionnelle que nos lois accordent aux mineurs. L'objection que le mineur ne peut accepter que sous bénéfice d'inventaire tombe devant cette observation que la rescision est utile et possible même contre une acceptation bénéficiaire (1). Toullier va jusqu'à enseigner que le mineur peut demander la resci-

(1) Cass., 8 déc. 1838 (Sir., 38, 1, 945).

sion de son acceptation pour toute espèce de lésion (1).
Mais il nous paraît difficile de suivre jusque-là le savant
commentateur. L'acceptation d'une hérédité échue au
mineur est un acte juridique soumis à des formes et à
des conditions spéciales (2). En l'absence de ces formes
et conditions, l'acceptation est nulle, mais dès qu'elles
ont été remplies, l'art. 1314 doit s'appliquer et l'acceptation du mineur doit être traitée comme l'acceptation émanée d'une personne majeure jouissant de la
plénitude de ses droits (3).

(1) Toullier, IV, 335; Bordeaux, 17 fév. 1826 (Sir., 26, II, 316).
(2) Art. 461, 776.
(3) Toulouse, 29 mars 1832 (Sir., 32, II, 352); Belost Jolimont,
sur Chabot; Vazeille, sur 780; Aubry et Rau, § 611, note 54.

CHAPITRE II.

DE L'ACTION.

Après avoir étudié les actes sur lesquels la lésion peut avoir une influence, après avoir recherché comment et dans quels cas naît le droit pour une personne de demander l'anéantissement de son obligation, nous avons à suivre l'action dans ses diverses phases. Nous devons examiner sa nature, la manière dont elle doit être exercée, le résultat auquel elle peut aboutir.

SECTION I.

De la nature de l'action.

L'ancien droit distinguait soigneusement les actions en nullité et les actions en rescision. Elles différaient sous le triple rapport des causes qui leur donnaient ouverture, de la manière de les intenter et de la prescription à laquelle elles étaient soumises. Aujourd'hui cette distinction a perdu beaucoup de son importance; le Code Napoléon se sert indistinctement de l'une ou de l'autre dénomination lorsqu'il s'agit de l'action par laquelle on demande à revenir contre un consentement entaché d'erreur, de violence, de dol; action qui dans l'ancien droit aurait été exclusivement qualifiée d'action en rescision (1). Cependant, en étudiant la loi,

(1) Art. 887, 888, 891, 892, 1305, 1674, 1683, 1110, 1111, 1113, 1116.

on peut remarquer que le Code affecte d'employer toujours le mot rescision lorsqu'il s'agit d'une action fondée sur la lésion (1). Y a-t-il donc encore aujourd'hui quelque trait de démarcation entre l'action en rescision pour cause de lésion et l'action en nullité? Taulier, pénétrant au fond des choses, a beau chercher une différence théorique et pratique entre la nullité et la rescision, il n'en découvre aucune et il affirme qu'il n'en existe pas (2). Toullier, au contraire, voit entre les deux actions des différences considérables et essentielles (3). Mais ces différences sont plutôt apparentes que réelles. Le titre attaqué ne sèra pas plus susceptible d'exécution provisoire dans un cas que dans l'autre, car la valeur d'un acte doit s'apprécier indépendamment des circonstances qui peuvent dissimuler le vice dont il est entaché au fond. Quant à nous, sans aller aussi loin que Toullier, il nous est impossible d'assimiler ces deux actions.

L'action en nullité est fondée sur l'absence de l'une des conditions nécessaires à la validité des conventions. L'action en rescision a son principe dans la lésion et tend à la rétractation d'une obligation d'ailleurs valable. Cette différence fondamentale doit en amener plusieurs autres. Celui qui intente l'action en nulité devra prouver l'absence de l'une des condition essentielles à la validité des conventions, et il obtiendra toujours et nécessairement l'annulation de l'acte attaqué, bien qu'il n'ait éprouvé aucun préjudice. Il en sera ainsi

(1) Art. 783, 887, 1305 et suiv., 1674, 1706.
(2) Taulier, *Théorie du Code civil*, IV, p. 435.
(3) Toullier, VII, 527 et suiv.

12

dans les cas mêmes où la loi fonde la nullité sur la présomption d'un préjudice ; car, aux termes de l'art. 1352, les présomptions sur le fondement desquelles la loi annule certains actes n'admettent pas la preuve contraire. Dans l'action en rescision le demandeur doit d'abord établir qu'il est recevable, c'est-à-dire qu'il se trouve dans les cas exceptionnels où l'action est admissible ; il devra ensuite prouver la lésion dont il se plaint. Cette question de fait est laissée à l'arbitraire des juges qui pourront rejeter les conclusions du demandeur si la lésion ne leur paraît pas suffisante.

Quelques auteurs, se fondant sur les art. 891 et 1681, reconnaissent une autre différence entre ces deux actions. Pour eux l'action en nullité se distingue encore de l'action en rescision, en ce que celle-ci, à la différence de la première, peut être arrêtée par l'offre d'une indemnité (1). Mais cette différence existe-t-elle réellement? Il est permis d'en douter au moins pour le cas où l'action en rescision est accordée au mineur. Rien dans le Code ne peut autoriser à étendre jusqu'à lui les dispositions des art. 891 et 1681, et il faut bien convenir que dans certains cas il est difficile que le défendeur puisse lui offrir cette indemnité. Il peut en effet se faire que le mineur sans avoir précisément un intérêt pécuniaire, ait cependant un grand intérêt moral à la résolution du contrat. Il peut se faire aussi qu'il soit lésé, non pas parce qu'il a payé trop cher, mais parce que son marché est pour lui sans utilité. Il a fait des dépenses de luxe, il a acheté des chevaux, une propriété d'agrément,

____

(1) Duranton, XII, 526.

comment concevoir que le vendeur puisse échapper à l'action en rescision?

Ces différences entre les deux actions amènent des conséquences qu'il est important de noter. En appel, une demande en nullité ne peut pas être convertie en une demande en rescision, et celle-ci en une demande en nullité (1). Le jugement qui a rejeté une demande en nullité fondée sur l'absence de consentement valable n'engendre pas une exception de chose jugée contre une demande en rescision pour cause de lésion (2).

Quant à la nature de l'action en rescision, elle a fait l'objet de bien des décisions contraires. Elle a été considérée tour à tour comme réelle, personnelle et mixte. Quel caractère allons-nous donc lui reconnaître? Pour la qualifier, il faut rechercher le principe général de la division des actions.

L'action emprunte sa nature aux droits qu'elle a pour but de faire valoir. « Si l'on veut, dit M. Ortolan, donner la notion de l'action réelle et de l'action personnelle en général, il faut la chercher dans la notion même du droit (3). » Une action est donc réelle ou personnelle selon qu'elle tend à obtenir la constatation d'un droit réel ou d'un droit personnel. Ainsi l'un des attributs distinctifs de l'action réelle, c'est de reposer sur un droit absolu, c'est-à-dire sur un droit qui ne s'exerce pas seulement contre une personne déterminée, mais contre tous ceux qui viennent à le méconnaître; l'action personnelle, au contraire, repose sur une obligation du dé-

(1) Merlin, v° *Nullité*, § 9; Toullier, VII, 530l; X, 168; Cass. 5 nov. 1807 (Sir. 8, I, 195).
(2) Aubry et Rau, § 331, note 2.
(3) Ortolan, *Expl. des Inst.*, III, n° 1209.

fendeur envers le demandeur. Un droit ne peut être que réel ou personnel. C'est ce qui a fait dire à Ducaurroy que « les caractères de l'action *in rem* sont incompatibles avec ceux de l'action *in personam* (1). » C'est ce qui a poussé Thouret à demander à l'Assemblée constituante la suppression des actions mixtes. Cependant la loi admet cette troisième catégorie et reconnaît cette *qualité hermaphrodite impossible à réaliser* (2) à l'action qui a son principe tout à la fois dans une obligation personnelle et dans un droit réel. Ces principes posés, dans quelle classe ranger l'action en rescision pour cause de lésion ?

Pour certains auteurs, cette action mixte à l'état de repos est ou purement réelle ou purement personnelle une fois qu'elle est en exercice ; car, pour qu'une action soit mixte, il faut que les deux caractères de personnalité et de réalité soient inséparablement unis, « que l'action ne puisse entrer en exercice sans se présenter avec leur cortége indissoluble. » Il n'en est pas ainsi dans l'action en rescision. Ces deux caractères ne s'y trouvent que séparément, ils y sont juxtaposés et non confondus. Si le demandeur intente son action en rescision contre la personne qui a directement traité avec lui, alors l'action ayant sa base dans un contrat est une action personnelle, et purement personnelle. Qu'a-t-il, en effet, besoin de s'armer de son droit de propriété et de dire que la chose est sienne ? ne lui est-il pas plus simple de conclure à ce que le défendeur soit condamné à lui livrer ou à lui rendre la chose qu'il lui doit ? « Il ne peut pas faire que celui qu'il assigne ne soit pas personnellement obligé, à moins qu'il n'abdique son titre ; mais alors il perdrait

(1) Ducaurroy, *Inst.*, liv. IV, tit. 5, § 20, n° 1209.
(2) Chauveau sur Carré, *Pr. civ.*, art. 59.

tous ses droits, et l'action réelle ne survivrait point à
l'action personnelle (1). » Si, au contraire, le demandeur
agit contre les tiers acquéreurs, l'action est à l'égard de
ceux-ci une véritable revendication. Que prétend-il ?
Qu'il est resté propriétaire de la chose, et que le fait
qui en apparence l'a dépouillé de sa propriété n'existe
pas en réalité et ne saurait l'empêcher d'user de son
droit dont il demande la reconnaissance (2).

Tout en reconnaissant l'exactitude logique de cette
doctrine, Boitard pense que l'action en rescision est
mixte. Cette dernière opinion « était trop bien établie,
dit-il, trop universellement admise, pour qu'il soit raisonnable de supposer que le § 4 de l'art. 50 n'ait pas
entendu la consacrer, d'autant plus que, si on admettait
cette supposition, on ne trouverait plus à ce § 4 qu'une
application tout à fait insignifiante (3). » Remarquons
cependant que Pothier a soin de dire que les actions *in
rem scriptæ* ne sont pas mixtes dans le sens des actions
de bornage et de partage.

Quelques auteurs considèrent l'action en rescision
comme personnelle. Chauveau, à l'appui de cette opinion, soutient que le but de l'action n'est que le payement d'un supplément de prix. Il ne voit dans la rescision qu'une faculté laissée à l'acquéreur (4). Comment
donc ? Le Code n'indique-t-il pas bien clairement dans
les art. 801 et 1681 que le supplément du prix n'est que

(1) Duvergier, *Vente*, II, 93.
(2) Duvergier, *Vente*, I, 164, et II, 93.
(3) Boitard, *id.*; Colmet d'Aage, I, 135; Rodière, *Expl. des lots
de la comp. et de pr.*, I, p. 114; Boncenne, *Théorie de la pr.*, 1;
Troplong, *Vente*, II, 807; Larombière, sur 1304; Paris, 13 mai 1817;
Cass. 13 fév. 1832 (Dalloz, Rep., v° *Lésion*, n° 118, note 3).
(4) Chauveau, *loc. cit.*

in facultate solutionis ? L'offre de ce supplément n'est-elle pas pour l'acquéreur un moyen d'arrêter le cours de l'action ?

Poncet soutient également la personnalité de l'action, mais en se fondant sur ce qu'elle dérive d'une clause sous-entendue au contrat (1). Mais cette clause existe-t-elle réellement? Peut-on raisonnablement croire qu'elle a été dans l'intention des parties ?

Pour nous, il nous semble que si l'action est dirigée contre la partie qui a contracté, elle contient tout à la fois une action personnelle et une action réelle. Elle contient une action personnelle, car elle met en jeu la destruction d'un contrat productif d'obligations. Elle contient une action réelle, car ce contrat brisé, le bien est sans cause dans le patrimoine du défendeur. C'est donc une action qui attaque la personne et retombe aussitôt sur la chose. Elle peut être envisagée sous deux faces différentes, et il faut la ranger dans la classe des actions que le Code de procédure appelle mixtes. Si l'action en rescision est dirigé contre la partie qui a figuré au contrat, alors qu'elle ne possède plus, elle est exclusivement personnelle. Si elle est dirigée contre un tiers détenteur, elle est exclusivement réelle à son égard, puisque s'il ne détenait pas, elle serait sans objet.

Quant à la jurisprudence, elle est loin d'être fixée et unanime. Des arrêts ont décidé que l'action a seulement pour but le supplément de prix et que par conséquent elle est personnelle. D'autres plus nombreux ont reconnu à l'action en rescision un caractère mixte. Enfin un jugement du tribunal civil de la Seine

(1) Poncet, *Des actions,* p. 188.

du 9 mars 1838 semble faire prévaloir la réalité de l'action.

L'action en rescision est-elle mobilière ou immobilière ? Sur cette question il ne saurait s'élever de difficultés. Elle est tantôt mobilière, tantôt immobilière suivant les cas, quelquefois même elle réunit les deux qualités, comme lorsqu'elle est dirigée contre un partage comprenant des meubles et des immeubles. Quand le vendeur poursuivra la rescision d'une vente, l'action sera toujours immobilière, puisque la rescision n'est admise qu'en matière de ventes d'immeubles. Cependant la Cour de cassation a plusieurs fois décidé que cette action était purement mobilière (1). Sa décision, que nous nous permettrons de critiquer, a été la conséquence logique de cette idée erronée que l'action en rescision a essentiellement pour fin le supplément du juste prix.

Le droit de demander la rescision et l'obligation de la subir sont nécessairement divisibles lorsque l'objet de l'action est lui-même divisible. Les art. 1668, 1670, 1671 et 1672, applicables en matière de vente, consacrent les conséquences très-simples de cette divisibilité.

Entre le vendeur et l'acquéreur, quelque divisible que soit la chose, la rescision ne peut être exercée que pour le tout ; mais les conséquences de la divisibilité se présentent lorsque l'une des parties meurt laissant plusieurs héritiers et lorsque plusieurs vendeurs ou plusieurs acheteurs ont concouru à la vente. Dans ces deux cas, chacun ne peut exercer l'action en rescision que pour sa part. Cependant l'acheteur peut exiger que

____

(1) 23 prairial an XII, 14 mai 1806.

tous les covendeurs ou tous les cohéritiers soient mis en cause, afin de se concilier pour la reprise de l'héritage entier ; et s'ils ne se concilient pas, la demande sera rejetée. Si la vente a été faite solidairement par plusieurs, chaque vendeur peut excercer l'action pour le tout, car chaque créancier solidaire est créancier du total.

Si plusieurs personnes ont acheté en commun une chose divisible, chacune d'elles n'est devenue propriétaire que d'une portion. L'action ne peut être exercée contre chacune que pour sa part ; le vendeur ne peut pas être forcé de l'exercer pour le tout.

Remarquons encore que l'art. 1667 s'applique à l'action en rescision. L'acquéreur d'une partie indivise d'un immeuble qui s'est rendu adjudicataire de la totalité pourra donc obliger le vendeur qui veut exercer l'action en rescision à reprendre le tout. Mais il n'a ce droit que lorsqu'il s'est rendu adjudicataire sur une demande en partage dirigée contre lui. Il ne l'a pas lorsque c'est lui qui a provoqué le partage.

SECTION II.

De l'exercice de l'action.

Pour intenter une action il faut tout d'abord rechercher quel est le tribunal qui doit en connaître. C'est là une question complexe qui, comme toute question de compétence, présente deux aspects distincts. Ainsi le demandeur qui veut assigner son adversaire doit se demander quelle est la juridiction qui a mission de juger telle ou telle catégorie d'affaires. Est-ce un tri-

bunal civil, un tribunal administratif, un tribunal de
commerce ? Cette question résolue, toute difficulté
n'est pas encore levée. A quel tribunal parmi tous ceux
qui appartiennent à cette classe de juridiction, faut-il
déférer l'affaire ?

Les demandes en rescision n'appartiennent guère
qu'à la juridiction civile ; cependant la juridiction com-
merciale pourra, dans des cas fort rares, avoir à en
connaître. Telle serait l'hypothèse où un mineur non
commerçant plaiderait devant un tribunal de commerce contre un commerçant, au sujet d'un acte intervenu entre eux.

Le tribunal compétent est déterminé par le caractère
de l'action: L'instance se porte devant le tribunal du
domicile du défendeur à moins qu'il ne s'agisse d'une
action réelle immobilière ou d'une action mixte. Dans
le premier cas, c'est le tribunal de la situation du bien
qui est compétent; dans le second, le défendeur peut
être assigné devant le juge de son domicile ou devant
le juge de la situation du bien objet du litige. Ainsi le
tribunal compétent varie suivant l'opinion qu'on s'est
formée sur la nature de l'action en rescision. Dans le système qui considère cette action comme purement personnelle ou purement réelle, si le demandeur réunit
dans la même instance la partie qui a traité avec lui et
le tiers possesseur, la connexité des demandes lui donnera l'option entre le tribunal du domicile du contractant et celui de la situation. Dans tous les cas, l'action
se poursuivra devant le tribunal déterminé par les
divers paragraphes de l'art. 59 du C. de pr., suivant les circonstances de l'action. L'art. 822 du
Code civil décide que les demandes en rescision diri-

gées contre un partage seront de la compétence du tribunal de l'ouverture de la succession. Ce texte n'est point en opposition avec l'art. 59 du C. de pr. qui n'attribue à ce tribunal les demandes entre cohéritiers que jusqu'au partage inclusivement. Ces demandes en rescision ne sont au fond que des demandes en partage, puisqu'elles tendent à faire reconnaître qu'un partage valable n'ayant point encore été fait, l'indivision subsiste.

La personne du défendeur sera facilement déterminée par l'application des principes généraux. L'action sera dirigée contre l'obligé ou ses ayant cause, et, si la chose a passé entre les mains d'un tiers, l'action en rescision pourra être intentée contre lui. Mais peut-on agir directement, *omisso medio*, contre celui qui détient, alors que l'acte consensuel n'a pas encore été déclaré sans valeur ? La question ne paraît pas avoir fait doute dans notre ancien droit. « Tertius singularis possessor, dit Dumoulin, potest recte conveniri. » Tel est aussi le sentiment de Charondas et de Ferrières (1). Cette opinion aujourd'hui n'est plus universellement admise; Carré exige qu'un jugement passé en force de chose jugée, ait d'abord anéanti l'acte de vente, Poncet, au contraire, permet d'attaquer directement le tiers détenteur. On trouve dans ce dernier mode de procéder certaines difficultés. Comment, objecte-t-on, le tiers pourra-t-il se défendre ? Il ignore peut-être les circonstances du contrat; peut-être, pour frauder le trésor, a-t-on dissimulé une partie du prix; des contre-lettres peuvent établir que le juste prix a été payé au vendeur;

(1) Dumoulin, *Tract. contr. us.*, q. 61, n° 409; Charondas, n° 801; Ferrières, v° *Rescindant, Dict. de prat.*

une transaction a pu couvrir le vice du contrat. Mais le tiers poursuivi ne peut-il pas appeler son auteur en garantie ? Quoi qu'il en soit, il sera plus prudent pour le vendeur de poursuivre dans une même instance la personne qui a traité avec lui et le tiers détenteur. Comment, en effet, opposer au tiers détenteur le jugement rendu contre la partie qui est intervenue au contrat ? N'aura-t-il pas le droit, sinon de l'écarter comme lui étant étranger, du moins de l'attaquer par la tierce opposition ? D'un autre côté, si le tiers détenteur est seul mis en cause, ne pourra-t-il pas opposer au demandeur que la seconde vente doit être maintenue tant que la première subsiste et que la nullité de ce contrat ne peut être jugée avec lui (1) ?

Mais dans le cas de rescision prévu par l'art. 783, si l'héritier veut demander la rescision de son acceptation par voie d'action, contre qui pourra-t-il agir ? L'héritier demande à être dégagé des obligations qui découlent de son acceptation, la logique semble exiger qu'il assigne tous les créanciers. C'est ce que conseille M. Duranton (2).

Quant aux questions de qualité, d'intérêt à l'action, de capacité et d'habilitation, quant aux formes de procéder, elles n'ont rien de spécial. L'action appartient à chaque créancier solidaire, elle passe aux ayant cause à titre universel, elle peut être cédée à titre particulier, les créanciers de l'ayant droit peuvent l'exercer en vertu de l'art. 1166. Cependant, quand il s'agit de la rescision d'une vente, la procédure offre certaines particularités.

(1) Duvergier, Vente, 95.
(2) Duranton, VI, 167.

Il est de l'intérêt public que la seule allégation de lésion ne puisse pas rendre l'acte suspect et permettre la vérification par des procédés toujours longs et dispendieux. Aussi le législateur, dans l'art. 1677, a posé ce principe : « La preuve de la lésion ne pourra être admise que par jugement et dans le cas seulement où les faits articulés seraient assez vraisemblables et assez graves pour faire présumer la lésion. » Les magistrats doivent donc rejeter la demande s'ils ne trouvent pas dans les faits ce double rapport de vraisemblance et de gravité.

La demande admise, la lésion devra être prouvée par rapport d'experts. Mais le juge ne pourrait-il pas, sans expertise préalable, lorsque les documents du procès fournissent la démonstration complète de la lésion, statuer par un seul jugement et prononcer immédiatement la rescision ?

La question est discutée entre les auteurs. La combinaison des art. 1677 et 1678 peut faire déclarer l'expertise nécessaire. Cependant on peut observer que l'art. 1677 se réfère expressément au cas où il résulte des faits seulement une présomption de lésion ; l'art. 1678, qui complète la pensée de la loi en indiquant le mode à suivre pour faire la preuve, se rapporte nécessairement à la même hypothèse. C'est ainsi que la loi ne s'occupe que du cas le plus ordinaire, et non du cas plus rare où la lésion est démontrée. Cette seconde opinion était certaine dans notre ancienne jurisprudence(1). Rien ne prouve que le législateur a voulu

(1) Faber, Code, lib. IV, tit. 30, def. 33, dit : « Si altera pars intentionem suam sufficienter probaverit, nihil causæ est cur recurratur ad æstimationem. »

innover, la discussion du conseil d'Etat suffit pour le prouver. L'art. 101 du projet permettait au juge de prononcer la rescision de la vente sans estimation d'expert, lorsqu'une lésion suffisante serait déjà établie. Cette idée ne trouva pas d'adversaires, et Portalis disait : « Le ministère des experts n'est pas toujours employé ; la lésion peut être vérifiée même par des preuves littérales, par des ventes antécédentes, par les partages, par les baux. Il suffit quelquefois de comparer le prix avec celui des propriétés voisines (1). » Cambacérès critiqua le défaut d'ordre du projet, et le premier consul insistant sur son idée s'exprima ainsi : « La loi doit donner au juge une règle pour les trois cas suivants : celui où ils sont convaincus qu'il y a lésion, celui où ils voient clairement qu'il n'en existe pas, celui où ils croient que le fait articulé doit être vérifié par des experts (2). »

L'art. 101 fut supprimé, il est vrai, à la suite d'une observation du Tribunat. Mais sur quoi portait cette observation? A-t-on vu des inconvénients dans le pouvoir du juge? Non ; l'art..101 a disparu sur cette observation que même en permettant au juges de décider eux-mêmes s'il y a lésion ou non, l'expertise serait nécessaire. « Il faudrait encore connaître la juste valeur de l'objet vendu, même au-dessus du taux de la lésion, afin que, dans le cas où l'acquéreur voudrait user du droit de retenir l'objet vendu, en payant le supplément du juste prix, on sache à quelle somme s'élève ce supplément. »

(1) Fenet, XIV, p. 50.
(2) Fenet, XIV, p.73.

Mais le Tribunat a eu tort de croire que l'expertise est toujours nécessaire. Dans bien des cas les juges peuvent être suffisamment éclairés pour calculer eux-mêmes la valeur de la chose ; il peut se faire encore que l'acheteur abandonne l'immeuble. Pourquoi, dans ces différents cas, obliger les parties à des frais et à des lenteurs inutiles (1) ? »

Le jugement qui admet ou rejette la preuve est susceptible de recours. La preuve, d'après l'article 1678, ne peut se faire que par un rapport de trois experts qui seront tenus de dresser un seul procès-verbal commun, et de ne former qu'un seul avis à la pluralité des voix. S'il y a des avis différents, le procès-verbal en contiendra les motifs, sans qu'il soit permis de faire connaître de quel avis chaque expert a été. Les trois experts doivent être nommés d'office, à moins que les parties ne se soient accordées pour les nommer tous les trois conjointement. Si les parties ne peuvent s'entendre sur le choix que d'un ou de deux experts, cette désignation incomplète est considérée comme inutile. Les parties peuvent cependant consentir à ce qu'il soit procédé par un seul expert, car les parties sont libres de renoncer à tout ce qui ne touche pas à l'ordre public. Le juge n'est pas lié par l'avis des experts, il peut s'en écarter ou ordonner d'office une nouvelle expertise. C'est là une conséquence nécessaire de la solution que nous avons donnée sur la question de savoir si l'expertise est obligée ou seulement facultative (1).

(1) Troplong, II, 831 ; Duvergier, II, 406 ; Limoges, 15 fév. 1827 (Sir. 34, II, 33). — *Contra* : Aubry et Rau, § 358, note 13 ; Delvincourt, III, p. 466.

(2) Duvergier, II. 11.; Duranton, XVI, 451 ; Troplong, II, 835 ;

Une dernière formalité pourra être nécessaire. Aux termes de l'article 4 de la loi du 25 mars 1855, tout jugement prononçant la rescision d'un acte transcrit doit, dans le mois à dater du jour où il a acquis l'autorité de la chose jugée, être mentionné en marge de la transcription faite sur le registre déposé à cet effet entre les mains du conservateur des hypothèques. L'avoué qui a obtenu ce jugement doit faire opérer cette mention, en remettant un bordereau rédigé par lui au conservateur qui lui en donne récépissé. Il ne faut pas que les tiers soient trompés par la validité apparente de cet acte.

L'action en rescision dirigée contre un partage d'ascendant est soumise aussi à une règle spéciale. L'enfant qui attaquera le partage devra avancer les frais de l'estimation et il les supportera en définitive, ainsi que les dépens de la contestation, si sa réclamation n'est pas fondée. Mais s'il triomphe, la règle consacrée par l'article 131 du Code de procédure reçoit son application et les dépens sont compensés.

SECTION III.

Des effets de l'action.

La demande en rescision pour lésion tend à faire reconnaître le vice résultant de la vileté du prix. Les juges doivent rejeter la demande ou rescinder l'acte. Cette rescision ne crée pas un état de droit nouveau,

Rauter, *Cours de pr. civ.*, § 70 ; Aubry et Rau, III, p. 297 ; Nîmes 12 pluv. an XIII (Sir. 5, II, 46) ; Cass. 31 mars 1840 (Sir. 40 I, 305). — *Contra* : Carré, *Lois de la pr. civ.*, I, 1220, note).

elle atteste que l'état de droit antérieur à l'acte mis en question n'a reçu aucune modification. Le jugement est déclaratif, il proclame l'inanité dans le passé de l'acte lésionnaire et de tout ce qui repose sur son existence. L'acte rescindé est sans offet à l'égard des parties et à l'égard des tiers. Chacun des cocontractants reprend ce qu'il a donné en rendant ce qu'il a reçu ou perçu par suite ou en vertu de l'acte rescindé. Cette obligation qui naît pour chacun d'eux de la rescision est soumise aux règles ordinaires d'extinction et s'étend à tous les accessoires de la chose reçue et du prix, tel que l'excédant payé sur surenchère par l'acquéreur pour se maintenir en possession.

Cependant le mineur ou l'interdit qui a obtenu la rescision n'est obligé de restituer ce qui lui a été payé en temps d'incapacité que jusqu'à concurrence de son enrichissement. C'est à la partie adverse à prouver que l'incapable a profité du payement. L'emploi ou une dépense nécessaire est un profit dont le mineur doit compte, même si la chose a péri ensuite par force majeure. La jurisprudence s'est montrée assez large dans l'application de ces principes.

La rescision ne profite qu'à l'ayant droit, et ceux qui se seraient obligés, même solidairement, avec lui ne pourraient l'invoquer, à moins que le résultat ne fût indivisible.

Le détenteur étant obligé de rendre la chose, il doit y avoir un règlement à faire entre lui et le propriétaire. Pour ce qui concerne les fruits, on peut, généralisant l'art. 782, appliquer à la rescision d'un engagement contractuel les règles suivantes que nous empruntons au savant commentaire de MM. Aubry et Rau.

« Lorsque, dans un contrat synallagmatique, les objets
qui forment la matière de l'obligation annulée ou rescindée et de l'obligation corrélative de l'autre partie,
consistent tous deux, soit en sommes d'argent, soit en
choses productives de fruits, il n'y a lieu à restitution
respective des intérêts ou des fruits que du jour auquel
la demande en nullité ou en rescision a été formée; les
intérêts ou les fruits touchés ou perçus jusqu'à cette
époque se compensent entre eux. Art. 1682, al. 2 et 3,
et arg. de cet article. Mais si des deux objets qui forment
la matière des obligations réciproques qu'engendre un
contrat synallagmatique, il n'en est qu'un seul qui
consiste en une somme d'argent ou en une chose productive de fruits, la restitution des intérêts ou des fruits
doit, en vertu de la règle générale, se faire à dater du
jour auquel la somme d'argent a été payée, ou auquel
la chose productive de fruits a été livrée. Art. 1682,
al. 3, et arg. de cet article (1). » Par l'art. 1682 la loi a
voulu éviter les contestations qui naîtraient nécessairement d'une liquidation trop minutieuse.

Il s'est élevé des difficultés à l'égard des fruits pendants au moment de la vente et au moment de la
demande en rescision. Dans tous les cas, il ne s'agit que
des fruits nets, c'est-à-dire déduction faite des frais de
labour. Quant aux fruits pendants lors du contrat, ils
doivent appartenir à l'acheteur sans aucune charge de
restitution (2). Cependant Pothier pense que ces fruits
étant entrés dans l'estimation, ayant augmenté le prix
de la vente, l'acheteur doit en faire raison au vendeur,

(1) Aubry et Rau, III, § 336, 2°.
(2) Troplong, II, 769 ; Duranton, XVI, 424.

car autrement il aurait tout à la fois la chose et le prix,
ce que l'équité ne permet pas (1). Mais le savant jurisconsulte oublie que les intérêts représentent les fruits,
que si le prix a été plus élevé, les intérêts ont été plus
considérables, que si l'acheteur a profité des fruits, le
vendeur a profité de l'utilité du prix, que la compensation s'établit sur ces jouissances réciproques. Quelques
auteurs partagent les fruits pendants lors de la demande,
entre les parties, dans la proportion du temps qu'a
duré le droit de l'acquéreur pendant la dernière année
à compter de l'anniversaire du contrat, conformément
aux principes de l'art. 1574 (2). Sans doute cette opinion est très-équitable, mais est-elle juridique? Sur
quel texte de loi peut-on l'appuyer? Ne semble-t-il
pas plutôt résulter de l'art. 1682 que les fruits pendants
au moment de la demande ne peuvent appartenir qu'au
vendeur, mais à la condition de tenir compte à l'acheteur de l'intérêt du prix depuis le moment où a fini la
période de la récolte qu'il a perçue, et des charges des
fruits par lui avancées? Cette solution n'est-elle pas
aussi équitable?

L'action en rescision a lieu à l'égard des tiers comme
à l'égard de l'acquéreur. Elle entraîne la nullité des
hypothèques qui ont été consenties, des servitudes ou
autres charges qui ont été établies sur l'immeuble.
Cependant les baux faits sans fraude par l'acheteur
doivent être exécutés par le vendeur (3).

Si l'action en rescision fait disparaître un acte de
partage l'indivision renaît ou plutôt elle n'a jamais cessé

(1) Pothier, *Vente*, 408.
(2) Troplong, 770.
(3) Arg. de l'art. 1673.

d'exister. Chaque copartageant doit rapporter ce qu'il a pris, on rétablit la masse, on reforme les lots ; et du résultat du nouveau partage dépendra le maintien ou l'inanité des droits antérieurement concédés par l'un des copartageants. Ces droits ne subsisteront qu'autant que les biens sur lesquels ils portent seront encore compris dans le lot du cohéritier avec lequel les tiers ont traité (1). Mais, croyons-nous, les tiers ayant obtenu des droits sur ces immeubles, pourront invoquer l'art. 865 pour intervenir au partage et s'opposer à ce qu'il se fasse en fraude de leurs droits.

Cependant la règle *resoluto jure dantis, resolvitur jus accipientis* ne doit pas s'appliquer dans toute sa rigueur. Les actes d'administration, les baux, en un mot tous les actes nécessaires doivent être respectés, car chaque copartageant est réputé avoir reçu mandat d'administrer les biens compris dans son lot (2). Les aliénations de meubles corporels resteront valables, à moins qu'elles n'aient été faites au profit de tiers de mauvaise foi (3). Les aliénations de biens incorporels et d'immeubles doivent aussi être maintenues si elles ont été consenties par le demandeur ; car il ne peut pas évincer ceux auxquels il doit garantie. Dans ce dernier cas, le rapport se fera en moins prenant. Il est vrai que les défendeurs à l'action en rescision ne sont tenus à aucune garantie, mais l'éviction qu'ils feraient supporter aux acquéreurs donnerait ouverture à un recours contre le demandeur et entraverait l'exercice de l'action. Quant aux droits, hypothèques, servitudes, tant

(1) Grenoble, 27 janv. 1859 (Sir., 60, II, 11).
(2) Arg. de l'art. 1210.
(3) Arg. des art. 2279 et 1141.

réelles que personnelles, dont le demandeur a grevé l'un
des immeubles de son lot, elles sont révoquées. Le légis-
gislateur, dans une hypothèse analogue, celle du rapport
à sucession, fait cette différence entre le droit de propriété et les autres droits réels (1). La raison de cette
différence repose dans des difficultés d'appréciation
que le législateur a voulu éviter. Rien n'est plus facile
de déterminer la valeur qui doit être rapportée à la
place d'un immeuble ; mais il n'en est pas de même
quand il s'agit d'apprécier la valeur en moins résultant
des charges réelles imposées sur l'immeuble (2). Si les
aliénations de biens incorporels ou d'immeubles ont
été consenties par les héritiers défendeurs à l'action,
l'effet résolutoire de la rescision doit s'appliquer (3).

A l'égard des parties, l'indivision a toujours subsisté.
les biens ont été aux risques et périls de la masse ;
c'est pour elle qu'ils ont augmenté ou diminué acciden-
tellement de valeur. Ils seront donc estimés d'après
leur valeur actuelle, qu'ils soient l'objet d'un rapport
réel ou d'un rapport fictif. Toutefois on peut se demander si les copartageants pourraient exiger le
rapport du prix retiré de l'aliénation. Les art. 855 et
860 fourniraient un argument d'analogie pour soutenir la négative. Cependant il ne faut pas assimiler complétement la rescision au rapport ; il ne faut pas oublier
que l'indivision est réputée avoir toujours existé, que

(1) Demolombe, XVII, 502 et suiv.
(2) Valette, à son Cours.
(3) Merlin, v° *Rescision*, n° 4 ; Taulier, III, p. 400 ; Chabot, art. 887,
n° 5 ; Poujol, art. 887 ; Malpel, n° 312 ; Toullier, II, 572 ; Ducaurroy,
Bonnier, Roustain, II, 814 ; Massé et Vergé, II, p. 386 ; Aubry et Rau,
V. p. 286 : Dutruc, n° 637.

l'égalité entre copartageants est la règle fondamentale en notre matière. Permettre à l'une des parties de refuser le rapport du prix reçu serait méconnaître ces principes (1).

Les fruits des biens héréditaires ne seront dus par les copartageants que du jour de la demande en rescision (2). Nous appliquerions cette solution que sa réciprocité rend parfaitement équitable, même en matière de partage d'ascendants, lorsque le partage est attaqué dans l'année du décès pour atteinte à la réserve. Car il ne s'agit pas seulement de parfaire la réserve, le partage doit être recommencé. Si cependant on ne voyait dans ce cas qu'une simple action en réduction, il faudrait, conformément à l'art. 928, exiger la restitution des fruits à compter du jour du décès de l'ascendant.

Enfin, s'il y a rescision d'une acceptation de succession, le nombre des personnes vis-à-vis de qui il faut étudier les effets de cette rescision est plus considérable. Quant aux créanciers héréditaires, l'héritier est dégagé envers eux. Il est censé n'avoir jamais été héritier. Toutes les obligations qu'il avait assumées par son acceptation et même toutes celles qu'il avait contractées expressément en sa qualité d'héritier s'évanouissent. Qu'on ne dise pas qu'il ne doit être dégagé qu'à l'égard des légataires, puisque la découverte de dettes inconnues ne l'autorise pas à se faire restituer. Si l'art. 783 détermine restrictivement les causes de la rescision, il ne distingue pas dans ses effets (3). A l'égard des débi-

(1) Taulier, III, p. 400 ; Demolombe, XVII, 508.
(2) Chabot, sur 891, n° 3; Toullier, IV, 572.
(3) Chabot sur 783, n° 7; Malpel, n° 196; Vazeille sur 783, n° 8; Marcadé, 783, VIII. — *Contra* : Delvincourt; Duranton, VI, 456.

teurs de la succesion, les payements par eux faits sont valables en vertu de la disposition expresse de l'art. 1240. Les actes faits avec les tiers, tels qu'aliénations, baux, etc., seront annulés, réduits, ou maintenus suivant les principes qui régissent les actes de l'héritier apparent. Les demandes formées contre l'héritier, avant la rescision de son acceptation, ont interrompu la prescription dans l'intérêt de ceux qui les ont faites (1).

Si l'héritier qui s'est fait dégager des effets de son acceptation n'a pas de cohéritiers, la succession passe au degré ou ordre subséquent. S'il a des cohéritiers, sa part leur accroît forcément. En effet, quand il y a plusieurs héritiers chacun d'eux a accepté la succession entière, *nemo pro parte heres;* seulement tous ayant un droit égal, leur concours doit, par la force des choses, amener un partage, *concursu partes fiunt.* La rescision que l'un obtient ne vient donc pas augmenter les droits des autres, elle ne fait que leur éviter une diminution de fait, car chacun est appelé au tout (2).

Tous les auteurs n'admettent pas également cette manière de voir. Les uns déclarent, en pareil cas, l'accroissement facultatif et non forcé (3); Pothier appuie cette doctrine sur un texte du Digeste (4). S'il en était ainsi à Rome, c'est que l'héritier restitué par le préteur gardait sa qualité qu'il tenait du droit civil. Cette théo-

---

(1) Valette, à son Cours.

(2) Aubry et Rau, V, p. 432 et 453, note 17 et 52; Demolombe, XIV, 566; Marcadé sur 783; Duvergier sur Toullier, IV, 336, note 3; Coulon, *Quest. de dr.,* II, p. 451.

(3) Toullier, IV, 336; Villequez, *Revue de dr. fr. et étr.,* 1850, VII, p. 238.

(4) Pothier, *Des succ..* ch. III, sect. 5, § 4; Dig., l. 29, XXIX, 2.

rie résultant du dualisme entre le droit civil et le droit prétorien est aujourd'hui inacceptable.

D'autres font une distinction. L'accroissement est forcé si les cohéritiers ont accepté la succession avant celui qui a obtenu la rescision. Ils pouvaient et ils devaient prévoir la possibilité d'une renonciation. S'ils n'ont accepté qu'après lui, l'accroissement doit être facultatif, car la rescision d'une acceptation est un fait si rare qu'il n'a pas dû entrer dans leurs prévisions(1). Sans doute la rescision est un fait rare, mais c'est un fait possible, et l'héritier a eu tort de ne pas le prévoir. Faudra-t-il donc soustraire l'héritier à toutes les conséquences fâcheuses de son acceptation quand elles résulteront d'un fait assez rare pour n'être pas facilement prévu ? D'ailleurs une telle opinion n'est-elle pas contraire au principe de l'indivisibilité du droit héréditaire ? Tout au plus pourrait-on dire que la rescision de l'acceptation de l'un des cohéritiers doit autoriser l'autre à demander la révocation de sa propre acceptation. Malheureusement l'acceptation est en principe irrévocable, et le législateur a déterminé expressément les cas exceptionnels dans lesquels elle pourrait être rescindée. De plus, une succession ne pouvant être acceptée sous condition, on ne serait pas admis à soutenir que son acceptation est subordonnée à la condition tacite de celle de ses cohéritiers.

L'héritier qui a fait rescinder son acceptation peut renoncer et même accepter de nouveau. Il rend les fruits du jour de l'ouverture de la succession, car il

(1) Poujol, sur 783, n° 5; Duranton, VI, 464; Demante, III, n° 106 bis, II; Chabot, sur 783-9.

doit restituer tout ce qu'il a reçu *jure heredis*, et il ne peut invoquer les art. 138 et 549 qui s'appliquent à l'hypothèse d'un possesseur évincé. Ses cohéritiers au contraire lui rendront les fruits des biens qu'il a rapportés seulement du jour de sa demande ; ils peuvent, en effet, invoquer dans leur intérêt les art. 138 et 549. Toutefois il convient d'établir une sorte de compensation entre les fruits des biens héréditaires qu'il a perçus et les fruits des choses rapportées perçus par ses cohéritiers (1).

Dans le règlement qui doit intervenir entre le possesseur et celui qui a obtenu la rescision d'un acte, on ne fait pas entrer seulement les fruits ; il convient de tenir compte aussi des améliorations et des détériorations. Pour cela, il faut se reporter aux principes généraux du droit. L'acquéreur ne sera tenu des dégradations qu'en tant qu'il en aura profité et on devra lui faire raison des dépenses nécessaires et de la plus-value produite par les dépenses utiles. Pour obtenir payement de ce qui pourrait lui être dû par suite de ce règlement, le possesseur a évidemment un droit de rétention sur la chose.

Celui qui a obtenu la rescision n'est pas obligé de rendre aux tiers qu'il évince les frais et les loyaux coûts du contrat. Il n'est tenu que de ce dont il a profité, sans quoi la rescision ne serait pas pour lui une restitution (2). On ne peut pas argumenter de ce qui se passe en matière de réméré, l'analogie n'existe pas.

---

(1) Demolombe, XIV, 564 et 565.

(2) Pothier, *Vente*, n° 369 ; Delvincourt, III, p. 168 ; Troplong, *Vente*, II, 848.

Cette solution suppose que l'administration de l'enregistrement ne restitue pas les droits perçus sur un acte plus tard annulé pour cause de lésion. En effet, l'art. 60 de la loi du 22 frimaire an VII pose en principe que tout droit régulièrement perçu ne peut être restitué, quels que soient les événements ultérieurs, sauf les cas prévus par la loi.

L'administration va même plus loin. Elle exige un nouveau droit proportionnel à l'occasion de la rescision qu'elle considère comme retransférant la propriété au vendeur. La Cour de cassation a sanctionné cette exigence. Elle s'est mise en opposition avec tous les principes en acceptant cette théorie de Merlin : « que rescinder un contrat, ce n'est pas le déclarer radicalement nul, c'est au contraire le juger valable dans son principe, c'est juger qu'il a existé légalement et qu'il doit seulement cesser dans l'avenir d'avoir son exécution (1). » Pour soutenir cette doctrine, on s'appuie encore sur l'art. 68, § 3, n° 7, de la loi de frimaire qui n'exige qu'un droit fixe de 3 fr. pour les expéditions des jugements portant résolution de contrat ou de clause de contrat *pour cause de nullité radicale*. Il faut bien convenir cependant que la rescision anéantit d'une manière radicale et originaire le contrat attaqué ; le passé est effacé, l'acte est présumé n'avoir jamais existé. Le texte de l'art. 68 qu'on invoque, énumérant dans son § 7 les actes soumis au droit proportionnel, ne parle pas de la rescision qu'on ne peut considérer ni comme *revente* ni comme *rétrocession*. La rescision n'est pas

(1) Merlin, v° *Dr. d'enregistr.*; Duranton, XII, 572; Dalloz, *Enreg.*, p. 181, n° 4.

autre chose qu'une dissolution de contrat, et n'est donc pas sujette au droit proportionnel. Cette doctrine de la Cour de cassation est fâcheuse, elle a le déplorable résultat d'innocenter, dans l'opinion publique, les manœuvres par lesquelles on parvient à tromper le trésor (1).

Dans le cas où, par application de l'art. 783, un héritier ferait rescinder son acceptation, les droits qu'il aurait payés lui seraient dus par celui qui recueillerait sa part.

(1) Toullier, VII, 544 et suiv.; Troplong, *Vente*, II, 852; Duvergier, *Vente*, II, 132; Championnière et Rigaud, *Tr. des dr. d'enregistr.*, I, 546 et suiv.

CHAPITRE III.

DE L'EXTINCTION DU DROIT A LA RESCISION.

Le droit à la rescision peut s'éteindre par les moyens de droit commun ou par des modes spéciaux soumis à certaines règles particulières. Nous n'avons pas à nous occuper des premiers ; ils sont énumérés dans l'art. 1334. Cependant, qu'il nous soit permis en passant de signaler la discussion qui s'élève en cas de perte fortuite. M. Troplong admet, d'après Pothier, une exception à l'extinction du droit par perte fortuite de la chose. Elle a lieu lorsque l'acheteur a revendu l'immeuble pour un prix plus élevé que celui qu'il en a donné. L'intérêt du vendeur originaire est évident, il recevra l'excédant du prix qui ne doit pas profiter à celui qui l'a lésé (1). M. Duvergier combat cette doctrine (2). L'action en rescision tend uniquement à la restitution de l'immeuble vendu ; or l'immeuble n'existant plus, comment l'action peut-elle lui survivre ? Et qu'importe la revente ? Rend-elle possible la restitution de la chose ? Mais, disent les partisans du premier système, la vente une fois annulée, c'est la choses d'autrui que l'acheteur primitif a vendue, le prix ne peut pas lui profiter. Cet

(1) Troplong, II, 826 ; Pothier, *Vente*, 349.
(2) Duvergier, II, 403.

argument n'est qu'une pétition de principe, la question est précisément de savoir si la vente est annulable. Observons enfin que la perte de la chose augmente les difficultés de l'expertise et en rend les résultats plus incertains; que le vendeur lésé doit s'estimer heureux d'avoir tiré un prix quelconque de sa chose qui eût été perdue pour lui. Peut-il se plaindre de cette vente?

Nous laisserons aussi de côté les moyens qui éteignent ou arrêtent les actions dans leur exercice indépendamment du droit. Ces moyens n'ont rien de spécial; ils peuvent se rencontrer dans la procédure de toute action. Il nous reste donc à traiter : 1° de la confirmation; 2° de la prescription; 3° du supplément de prix.

SECTION I.

De la confirmation.

La confirmation est l'approbation donnée à un acte annulable par celui qui avait droit d'en demander la rescision. C'est donc une renonciation au droit de faire resciuder un acte.

Cette confirmation ne peut avoir lieu à toute époque; autrement qu'arriverait-il? C'est que les parties renonceraient à l'action en rescision dans l'acte qui leur préjudicie. Ainsi la protection de la loi serait sans effets; les renonciations deviendraient de style; ce serait, à peu de chose près, comme si l'action en rescision n'existait pas. De plus il est bien évident que si la confirmation intervient alors que les causes de rescision subsistent, elle se trouve entachée du même vice que l'obligation.

Aux termes de l'art. 1338, la confirmation peut être

expresse au tacite. Elle est expresse lorsqu'elle résulte d'une déclaration écrite ou verbale; tacite lorsqu'elle résulte d'une exécution libre et volontaire soit totale soit même partielle de l'acte sujet à rescision, ou du silence qu'a gardé pendant un certain temps celle des parties qui pouvait le faire rescinder. La partie qui confirme un acte doit agir librement et en parfaite connaissance de cause.

La confirmation n'exige jamais le concours de la partie au profit de laquelle elle intervient. Ayant voulu faire un contrat valable, elle est censée avoir consenti par anticipation à la confirmation.

La confirmation a pour effet de faire considérer le contrat comme ayant été régulier et valable dès le moment même de sa formation. Elle ne doit cependant pas préjudicier aux droits des tiers, c'est-à-dire aux personnes auxquelles l'action en rescision a été cédée expressément ou tacitement. Ainsi lorsqu'une personne confirme en majorité une vente immobilière qu'elle a passée en minorité, cette confirmation est sans effet à l'égard du second acquéreur qui aurait acquis la propriété de l'immeuble depuis la majorité et avant la confirmation.

L'écrit destiné à prouver la confirmation est soumis par l'art. 1338 à certaines conditions. Il faut qu'il contienne la substance de l'obligation première, la mention du vice dont elle est entachée, l'intention de l'effacer.

L'art. 1311 décide que le mineur « n'est plus rece-vable à revenir contre l'engagement qu'il avait souscrit en minorité, lorsqu'il l'a ratifié en majorité, soit que cet engagement fût nul en sa forme, soit qu'il fût seule-

ment sujet à restitution. » Ce texte doit s'entendre évidemment d'une ratification tacite comme d'une confirmation expresse. Il ne fait aucune distinction. Quant au
contrat qu'il a passé avec son tuteur, le pupille ne peut
le ratifier que sous les conditions exigées par l'art.
472 (1).

L'action en rescision d'un contrat de vente peut-elle
être éteinte par la confirmation de ce contrat? L'art.
1674 repousse toute confirmation concomitante à l'acte
de vente, et permet au vendeur d'agir en rescision
*quand même il aurait expressément renoncé dans le con-
trat à la faculté de demander cette rescision, et qu'il aurait déclaré donner la plus-value.* Rien de plus raisonnable! Il était à craindre en effet que cette renonciation
pût être faite sous l'empire des mêmes circonstances
qui ont déterminé le vendeur à accepter la lésion, et
que de telles clauses, si elles étaient permises, fussent
insérées dans toutes les ventes faites à vil prix. La renonciation expresse à l'action en rescision et la déclaration qu'on donne la plus-value ne sont pas les seules
stipulations que la loi réprouve. Elles ne sont citées
dans l'art. 1674 que comme les formes les plus éner-
giques que puisse employer le vendeur, et n'empêchent
pas d'étendre la disposition de cet article à toutes celles
que les parties pourraient imaginer. Toutefois il ne
faut pas entendre trop rigoureusement la disposition
qui considère comme non avenue la déclaration du ven-

(1) Toullier, VIII, 506; Duranton, XII, 282; Demolombe, VIII, 94;
Lyon, 31 déc. 1832, (Sir., 33, II, 173); Grenoble, 15 nov. 1837 (Sir.,
38, II, 180); Cass., 5 juin 1850 (Sir., 50, I, 714); — Cependant Limoges, 8 mai 1835 (Sir., 36, I, 946).

deur, qu'il veut donner la plus-value. Il peut se faire que le vendeur ait eu l'intention sérieuse de faire une libéralité. Le défendeur doit être admis à le prouver.

La loi ne réprouve que les renonciations faites dans le contrat ; faut-il en conclure que toute renonciation faite dans un acte postérieur sera valable ? Quelques auteurs le pensent. Ils étayent leur doctrine par un argument *a contrario* tiré du texte de la loi, et par ces considérations qu'après la vente et le payement du prix, les besoins du vendeur cessant, il recouvre toute sa liberté (1). Nous ne saurions adopter cette idée absolue, nous préférons croire que cette confirmation postérieure à l'acte, pouvant être entachée du même vice que le contrat originaire, ne doit pas être *a priori* un obstacle à la rescision. Les tribunaux doivent être juges des circonstances, et ne pas s'arrêter même à la renonciation faite moyennant une somme qui, jointe au prix de vente, n'égalerait pas les sept douzièmes de la valeur de l'immeuble. La jurisprudence semble avoir consacré cette interprétation (2).

Cette différence au point de vue de la ratification expresse entre l'action en rescision accordée au mineur et celle accordée au vendeur se justifie par cette considération que le consentement du mineur n'a été vicié que par la légèreté de l'âge. Or, en majorité, il a pleine intelligence, tandis que le vice du consentement du vendeur est une contrainte morale dont aucune présomption de la loi ne détermine la cessation.

(1) Troplong, II, 798 ; Duvergier, II, 77, 78.
(2) Delvincourt, III, p. 465 ; Duranton, XVI, 437 ; Marcadé sur 1674, III ; Aubry et Rau, III, § 358, note 3 ; Cass., 19 déc. 1855 (Dal., 54, I, 31).

L'art. 888 présente un cas de ratification du partage :
« Après le partage ou l'acte qui en tient lieu, l'action
en rescision n'est plus admissible contre la transaction
faite sur les difficultés réelles que présentait le premier
acte, même quand il n'y aurait pas eu à ce sujet de procès commencé. » Nous avons déjà indiqué l'hypothèse que prévoit ici le Code et qui justifie sa décision.
Mais toute autre confirmation peut-elle éteindre l'action en rescision contre un partage? La confirmation
expresse d'un partage est soumise aux mêmes principes
que la confirmation expresse de la vente ; concomitante
au partage, elle est sans effet. En est-il de même de la
confirmation postérieure? La doctrine se divise sur ce
point. Les uns, s'appuyant sur l'art. 888 et sur ce que
le partage lésionnaire ne périt pas par un vice du consentement, refusent aux copartageants le droit de le
confirmer (1). Les autres admettent la possibilité d'une
confirmation expresse. Le partage étant en effet une
convention, doit être soumis à l'art. 1338, conçu dans
les termes les plus généraux. Quant à l'art. 888, il se
réfère à une tout autre hypothèse que celle d'une
confirmation postérieure sincère et loyale (2). Nous laisserons cependant aux magistrats le soin d'apprécier
en fait les circonstances et la position respective des
parties. Ils auront à voir si la confirmation n'est pas
entachée des mêmes vices que le contrat originaire, si,

(1) Demante, III, 237 *bis*, I ; Mourlon, II, 510 ; Zachariæ, Massé
et Vergé, II, p. 387.

(2) Duranton, VII, 587-1°, et XVI, 436, 437 ; Ducaurroy, Bonnier,
Roustain, II, 813 ; Aubry et Rau, V, 287 ; Demolombe, XVII, 481 ;
Larombière, III, art. 1338, n° 26, 34, 35 ; Cass., 29 oct. 1814 (Sir.,
15, I, 293).

en un mot, elle satisfait aux conditions de l'art. 1338,
c'est-à-dire si elle a été faite volontairement, librement
et en parfaite connaissance de cause.

Le partage peut aussi être confirmé tacitement, mais
cette confirmation tacite est encore soumise aux dispositions de l'art. 1338. A ce propos, il s'est élevé une question fort controversée. On s'est demandé si l'aliénation
faite par le demandeur en rescision de tout ou partie
des objets compris dans son lot ne peut pas être considérée comme une renonciation à l'action en rescision.

D'après un premier système, cette aliénation totale ou
partielle est une fin de non-recevoir toujours opposable
à l'action en rescision. Le demandeur, dit-on, s'est mis
dans l'impossibilité de rapporter à la masse les objets
aliénés ; ayant pu vérifier la lésion aussitôt après le partage, il est présumé avoir fait cette vérification ou y
avoir renoncé. D'ailleurs l'art. 892 qui fait une exception en cas de dol ou de violence ne saurait être étendu
au cas de lésion (1). Ces arguments ne sont pas sans réponse. Si le rapport ne peut pas être fait en nature
il sera fait en moins prenant. Ce mode de procéder
est conforme à l'esprit de la loi, c'est le seul prati-
cable dans le cas prévu par l'art. 892. Quant à la présomption qu'on invoque, dans quel texte est-elle
établie, où la trouve-t-on ? Est-ce dans le silence de
l'art. 892 ? Ce texte n'a pas la portée qu'on veut lui
donner. La fin de non-recevoir qu'il établit ne résulte
pas du fait de l'aliénation, mais bien plutôt de la circonstance que ce fait a eu lieu après la cessation de la vio-

(1) Delvincourt, II, p. 50, note 10 ; Malpel, 316 ; Chabot, art. 892-
2 ; Poujol, art. 892, 1-3 ; Poitiers, 10 juin 1830 (Sir. 30, II, 209) ;
Grenoble, 19 juin 1831 (Sir. 32, II, 147).

14

lence, la découverte du dol. Enfin l'art. 1681 prouve bien que le seul fait de l'aliénation ne s'oppose pas à la rescision, puisqu'il suppose que l'action peut être dirigée contre le tiers possesseur.

Les jurisconsultes qui n'admettent pas la possibilité d'une confirmation expresse, soutiennent que le cohéritier peut toujours demander la rescision du partage, l'aliénation des objets compris dans son lot aurait-elle eu lieu après la connaissance acquise de la lésion (1). Nous avons suffisamment démontré ce que cette doctrine a d'exagéré et d'inadmissible.

Dans une troisième opinion, l'action en rescision sera recevable malgré l'aliénation faite par le cohéritier lésé, s'il n'est pas justifié que cette aliénation a eu lieu en connaissance de la lésion. Dans le cas contraire elle cessera d'être recevable (2). Malheureusement l'art. 892 ne parle que du dol et de la violence. Si le législateur n'a fait dans ce texte aucune allusion à la lésion, ce n'est pas par oubli, puisque dans les articles précédents il s'est occupé uniquement de cette cause de rescision. Il y a là une omission volontaire, et il faut la respecter. D'autant plus qu'au point de vue qui nous occupe il est impossible d'assimiler le dol et la violence à la lésion. Et en effet, dès que le dol est découvert, que la violence a cessé, le vice est purgé. Il n'en est pas de même pour la lésion; ce n'est pas parce que le copartageant ignore le préjudice souffert qu'il peut se plaindre, mais seulement parce qu'il éprouve un préjudice.

(1) Marcadé sur 892; Demante, III, 237 *bis*, I; Mourlon, *Rép.*, II, 510; Massé et Vergé, II, p. 387, 388.

(2) Belost-Jolimont sur Chabot, art. 894, obs. I; Vazeille, art. 892-2°; Taulier, III, 400; Nîmes, 10 mars 1847 (Sir. 48, II, 560).

Reste un quatrième système assurément préférable. D'après cette opinion, l'art. 892 est inapplicable à l'action en rescision pour cause de lésion ; mais il faut voir dans l'aliénation totale ou partielle du lot un acte d'exécution. Les magistrats auront à apprécier s'il réunit les conditions exigées par l'art. 1558 (1). La jurisprudence la plus récente semble avoir sanctionné définitivement cette doctrine (2).

On admet en général que le partage d'ascendant fait par donation ne peut être confirmé expressément ou tacitement qu'après le décès de l'ascendant mineur ; car les donataires, ne pouvant exiger l'abandon de ses biens par anticipation, ne doivent pas pouvoir critiquer pendant sa vie l'usage qu'il a fait de sa fortune (3).

L'action en rescision fondée sur l'art. 783 est susceptible de s'éteindre par toute adhésion que l'héritier donnerait au testament découvert, puisque la seule connaissance qu'il en aurait eue au moment de prendre qualité, le rendrait non recevable à attaquer son acceptation.

. (1) Merlin, v° *Lésion*, § 6 ; Duvergier sur Toullier, II, 586, note *b* ; Duranton, VII, 589 ; Ducaurroy, Bonnier, Roustain, II, 813 ; Aubry et Rau, § 626, note 7 et 31 ; Foüet de Conflans sur 892-1° ; Demolombe, XVII, 497 : IV, art. ; Larombière, sur 1338-46.

(2) Cass. 4 déc. 1850 (Sir. 51, I, 479) ; Cass. 18 fév. 1851 (Sir. 51, I, 310) ; Cass. 22 fév. 1854 (Sir. 54, I, 473) ; Cass. 9 mai 1855 (Sir. 55, I, 791) ; Nîmes, 22 févr. 1858 (Sir. 58, II, 586).

(3) Genty, p. 260 et suiv. ; Marcadé, *Revue critique*, 1858, III, p. 72 et suiv. ; Cass. 18 déc. 1854 (Sir. 55, I, 572). — Cependant, Duranton, IX, 647.

SECTION III.

De la prescription.

L'action en rescision est une menace qui plane sur la propriété. Elle a le tort de la tenir en suspens, de rendre ses transmissions difficiles et incertaines, de porter atteinte au crédit. Aussi le législateur, par une raison d'intérêt public, a dû limiter sa durée. Le délai accordé pour agir n'a pas été fixé d'une manière uniforme.

L'action est limitée à trois mois quand elle est dirigée contre un règlement arbitral des parts dans la liquidation d'une société. Ce délai court du jour où la partie qui se prétend lésée a eu connaissance du règlement (1).

En matière de vente, l'action dure deux ans à compter de la conclusion du contrat, alors même que l'acte qui le constaterait n'aurait été rédigé que plus tard. Cette prescription court « contre les femmes mariées et contre les absents, les interdits, et les mineurs venant du chef d'un majeur qui a vendu. » Ce n'est là, du reste, que l'application du droit commun. Nulle part la loi ne suspend la prescription au profit des femmes mariées ou des absents, et elle fait courir contre les mineurs et les interdits les courtes prescriptions. Toutefois on s'est demandé si, la prescription ne courant pas entre époux, la femme qui après avoir vendu épouserait son acquéreur serait forcée d'agir dans les deux

(1) Art. 1884.

ans. L'art. 1676 ne fait aucune distinction et semble ainsi s'opposer à toute prolongation du délai, quelque favorables que soient d'ailleurs les circonstances. C'est ce qu'a jugé la Cour de Toulouse le 24 juillet 1839.

Cesle prescription de deux ans « court aussi et n'est pas suspendue pendant la durée du temps stipulé pour le pacte de rachat. » Observons que même en cas de réméré l'action en rescision n'est pas inutile. Il peut, en effet, arriver que le délai stipulé pour le rachat soit écoulé avant celui de l'action en rescision; de plus, l'exercice du réméré exige des offres réelles et le payement non-seulement du prix principal mais encore des frais et loyaux coûts du contrat.

L'art. 1304 règle la durée et le point de départ de l'action en rescision qui est accordée au mineur contre les actes qu'il a faits en minorité. Cette action dure dix ans et cetemps ne commence à courir que du jour de la majorité.

La mort de l'ayant droit fait commencer s'il était encore mineur, continuer, sans l'augmenter, s'il était majeur mais encore dans les délais, la prescription contre son héritier. Ce sont les principes du droit romain appliqués par l'art. 39 de la loi du 30 juin 1838 à une situation analogue. Il s'agit des actes faits par une personne placée dans une maison d'aliénés, pendant le temps qu'elle y est retenue.

Mais si l'héritier est lui-même mineur, y aura-t-il suspension de la prescription jusqu'à sa majorité? Quelques auteurs adoptent la négative, l'art. 1304 n'ayant prononcé la suspension qu'en faveur du mineur qui a lui-même agi et non de son héritier. Ils confirment cette interprétation par un argument d'analogie tiré des derniers mots de l'art. 1676 qui fait courir la prescription de deux ans contre le mineur, dans le cas où l'action vient du chef d'un majeur qui a vendu (1).

Cette opinion est réfutée par cette considération que l'art. 1304 règle seulement le point de départ de la prescription et non ses causes de suspension qui sont abandonnées aux principes généraux. Si d'ailleurs le législateur a pensé que l'incapable ne pouvant pas agir, la minorité devait suspendre le commencement de la prescription, pourquoi ne suspendrait-elle pas aussi sa continuation ? Quant à l'art. 1676, c'est une exception qui n'a été écrite que pour le cas de vente (2).

Le partage peut être attaqué pendant dix ans. On applique l'art. 1304, car l'action intentée contre un partage est une action en rescision d'une convention, et aucune loi ne la limite à un moindre temps. Cette prescription commencera à courir du jour du partage. Cela résulte du silence que garde, relativement à la lésion, le second alinéa de l'art. 1304. Cette décision n'est en rien contraire à celles que nous avons données dans la section précédente. Et, en effet, la renonciation tacite résultant de la prescription ne repose que sur un consentement présumé, sur la déclaration de la loi plutôt que sur un acte positif de la volonté de la partie lésée. Quant à celle qui est basée sur un véritable consentement, elle ne se comprend qu'autant qu'elle est faite en connaissance de cause.

(1) Toullier, VII, 615; Duranton, XII, 548.
(2) Merlin, v° *Rescision*, 5 *bis*; Delvincourt, II, part. II, p. 806; Proudhon, II, p. 504 et 505; Vazeille, *Des prescrip.* II, 572; Pau, 11 déc. 1835 (Sir. 36, II, 183); Limoges, 28 mai 1836 (Sir. 39, II, 335); Cass. 8 oct. 1843 (Sir. 44, I, 129).

Cette prescription sera suspendue par les causes ordinaires de suspension. On a nié cependant cet effet à la minorité et à l'interdiction pour le cas où le partage aurait été revêtu des formes judiciaires. En faveur de cette doctrine on raisonne ainsi : Si le mineur avait attendu sa majorité pour faire le partage, la prescription ne serait pas suspendue à son profit; or, d'après l'art. 1314, les formalités exigées par la loi ayant été remplies, il doit être relativement au partage considéré comme majeur. Et il faut bien qu'il en soit ainsi, car autrement l'action pourrait durer plus de trente ans, et les copartageants seraient dans une fâcheuse position (1). Cette argumentation peut soulever de sérieuses objections.

L'art. 2252 suspend la prescription au profit des mineurs et des interdits dans tous les cas, à l'exception de ceux expressément déterminés par la loi. L'hypothèse qui nous occupe n'est présentée nulle part comme une exception, elle doit donc rester sous l'empire de la règle générale. L'art. 1314 ne peut pas être considéré comme une exception, il ne s'occupe pas du délai de l'action en rescision, il traite seulement des causes qui permettent d'attaquer le partage. L'art. 1305 autorise la rescision pour simple lésion, l'art. 1314 exige, dans l'hypothèse qu'il prévoit, une lésion de plus du quart. L'art. 1313 qui le précède immédiatement nous indique bien que tel est le sens qu'il faut lui attribuer. Cette doctrine trouve un nouvel appui dans l'art. 1304 qui ne fait courir le délai de dix ans qu'à compter du jour de la majorité. Quant aux inconvénients qu'on lui reproche,

(1) Toullier, *Success.*, II, 585 ; cependant il enseigne la doctrine contraire dans son *Traité des obligations*, IV, 583.

le législateur peut en tenir compte, mais ils sont sans valeur aux yeux du jurisconsulte (1).

La prescription de l'action en rescision contre un partage d'ascendant commence à courir du jour du décès de l'ascendant ou de l'ouverture du testament qui contient le partage, bien que la lésion n'ait été découverte que plus tard. Il en est ainsi même lorsqu'il s'agit d'un partage fait par donation. Ce point cependant est contesté, mais la jurisprudence semble aujourd'hui, et avec raison, adopter le décès de l'ascendant pour point de départ de l'action contre les partages par acte entre-vifs (2). Elle se fonde sur ce que les enfants, au moment du partage, n'ont aucun droit sur les biens de leurs ascendants. Ils ne pouvaient pas exiger cet abandon anticipé de ses biens, et par cela même ils sont non recevables à critiquer l'usage qu'il a fait, pendant sa vie, de sa fortune. Cet acte n'est, du vivant de l'ascendant, qu'une pure libéralité. L'enfant peut-il donc se plaindre de n'avoir pas reçu tout ce à quoi il a droit, alors qu'il n'a droit à rien ? Son droit dépend uniquement de sa qualité d'héritier, qualité qu'il n'a pas encore et que peut-être il n'aura jamais (3). Il a même été jugé par la Cour de Bordeaux qu'un partage par acte entre-vifs fait par

(1) Malpel, 318 ; Marcadé, art. 892 ; Aubry et Rau, V, p. 290, 291 ; Dutruc, 635 ; Larombière sur 1304-26 ; Cass. 30 mars 1830 (Sir. 30, I, 238).

(2) Cass. 3 juin 1847 (Sir. 47, I, 481) ; Cass. 2 août 1848 (Sir. 49, I, 258) ; Cass. 16 juill. 1849 (Sir. 49, I, 612) ; Cass. 18 fév. 1851 (Sir. 51, I, 340), etc.

(3) Solon, *Nullités*, II, 490 ; Genty, *Part. d'asc.*, 253-265 ; Troplong, IV, 2331 ; Marcadé sur 1304-2° ; Aubry et Rau, § 734, note 16. — *Contra* : Duranton, IX, 646 et 647 ; Rolland de Villargues, *Rép. du not.*, v° *Part. d'asc.*, 102 ; Vazeille, *Des presc.*, II, 565.

deux ascendants conjointement, ne pouvait être attaqué
qu'après le décès de tous deux (1).

Au cas de partage par acte entre-vifs, l'action se prescrit par dix ans conformément à l'art. 1304. Si le partage a été fait par testament, l'action ne se prescrit que
par trente ans. L'art. 1304 qui soumet l'action en rescision à une prescription de dix ans est inapplicable
dans ce dernier cas, puisqu'il ne s'occupe que de la
rescision des conventions (2).

Dans l'hypothèse de l'art. 783 la prescription court
du jour de la découverte du testament. Mais les auteurs
sont en désaccord sur le point de savoir quel est le délai
accordé à l'héritier pour se faire restituer. Quelques-
uns admettent le principe de l'art. 1304 et veulent que
la demande soit formée dans les dix ans. Ils invoquent (3) l'art. 46 de l'ordonnance de 1510, origine
de notre législation en cette matière, qui avait fixé la
prescription des actions en rescision à dix ans non-seulement pour les contrats mais encore pour les autres
actes. Ils disent aussi que l'art. 1304 qui emploie, dans
ses derniers alinéas, le mot *acte*, indique que l'expression
convention ne doit pas être prise dans un sens absolu.
Ils étendent l'art. 1304 aux actes qui opèrent comme les
contrats (1). D'autres, adoptant le principe général de
l'art. 2262, décident que l'action dure trente ans.
L'art. 1304, disent-ils, ne s'occupe que de la rescision
des conventions; de plus, sa disposition étant une ex-

(1) 6 janvier 1827 (Sir. 27, II, 85).
(2) Aubry et Rau, § 734, note 18; Troplong, IV, 2331 ;— cependant,
Duranton, IX, 646; Genty, 55.
(3) Aubry et Rau, § 339, texte et note 10; Demolombe, XIV, 655;
Angers, 27 déc. 1815 (Sir. 47, II, 57).

ception à la règle générale, ne doit pas être étendue aux cas qu'il n'a pas prévus (1).

La prescription éteint non-seulement l'action en rescision, mais encore l'exception. L'ancienne règle *quæ temporalia sunt ad agendum perpetua ad excipiendum* abrogée par l'ordonnance de Villers-Cotterets n'a plus d'application sous l'empire du Code. L'obligé peut dans tous les cas faire rescinder son obligation sans attendre une poursuite dirigée contre lui. S'il ne prend pas l'initiative, s'il n'attaque pas dès à présent le contrat qu'on pourra plus tard lui opposer, s'il reste dans l'inaction pendant dix ans, son silence est considéré comme une ratification tacite qui doit faire disparaître l'exception comme l'action. Après ce délai de dix ans il est impossible de faire valoir, de quelque manière que ce soit, le vice dont le contrat est entaché. Telle a été la pensée du législateur, on la retrouve nettement précisée dans le rapport au Tribunat (2), et rien dans la loi ne semble établir une distinction entre l'action et l'exception (3). Cependant la jurisprudence paraît fixée dans le sens du maintien de la fameuse maxime (4).

SECTION III.

Du supplément.

En présence des inconvénients que présente la res-

(1) Marcadé, art. 783-7°.
(2) Fenet, p. 370.
(3) Duranton, XII, 549; Marcadé, 1304-3°; Mourlon, *Rép.*, II, 1493. — Cependant, Delvincourt, II, p. 596; Toullier, VII, 600; Solon, II, p. 498, De Freminville, *De la min.*, II, 902.
(4) Bordeaux, 6 avril 1843 (Sir. 43, II, 422); Cass., 1er déc. 1846 (Sir. 47, I, 289).

cision de la vente et du partage, le législateur a permis au défendeur d'arrêter le cours de l'action et d'empêcher la rescision en offrant au demandeur le supplément du juste prix ou de sa portion héréditaire. C'est là une faculté laissée au défendeur, et les juges ne pourraient pas le condamner à fournir ce supplément. Cette faculté n'existe toutefois que lorsque l'action en rescision est dirigée contre un partage ou contre une vente.

La faculté de payer le supplément du prix appartient à l'acquéreur du jour de la vente, de sorte qu'il pourrait, dans le désir d'éviter les frais d'un procès et d'éteindre l'action, faire au vendeur des offres réelles. Le supplément du juste prix est calculé sur la valeur de l'immeuble au jour de la vente, et non sur sa valeur au jour de la demande en rescision. L'ancien droit exigeait que ce supplément représentât exactement la différence entre le prix déjà payé et le juste prix. Le projet soumis au conseil d'Etat avait été rédigé dans ce sens, mais sur les observations du premier consul et malgré l'opposition de Bigot-Préameneu une déduction du dixième du juste prix fut autorisée en faveur de l'acquéreur. Il sera ainsi engagé le plus souvent à garder l'immeuble, ce qui vaut mieux, surtout pour les tiers. L'intérêt du supplément est dû à compter du jour de la demande formée par le vendeur. L'acquéreur va donc jouir de la chose et du prix. Est-ce juste? Les intérêts ne sont-ils pas l'équivalent de la jouissance de l'immeuble? Pour justifier cette décision on a invoqué la bonne foi présumée de l'acheteur. Mais cette raison peut paraître insuffisante et il vaut mieux chercher le motif de la loi dans les nombreuses répugnances que le principe de la rescision a rencontrées au sein du conseil d'Etat.

« Le défendeur à la demande en rescision peut en arrêter le cours et empêcher un nouveau partage, en offrant et en fournissant au demandeur le supplément de sa portion héréditaire, soit en numéraire, soit en nature. » Tels sont les termes de l'art. 891. Trop de raisons militaient en faveur d'un moyen qui assurait la paix des familles pour qu'on ne l'acceptât pas en matière de partage, comme en matière de vente. Le supplément peut donc être offert quelle que soit la quotité de la lésion soufferte, serait-elle même d'outre moitié (1). Il doit consister en numéraire ou en nature, c'est-à-dire évidemment en biens héréditaires. Le choix des biens appartient au défendeur, mais il ne peut l'exercer qu'en se conformant aux dispositions de la loi en matière de payement et de partage.

La quotité du supplément doit être fixée d'après la valeur des biens héréditaires à l'époque du partage, et rien n'est plus juste puisqu'il ne s'agit pas de faire un nouveau partage, mais seulement de corriger l'inégalité du premier. Les biens offerts en supplément devront être fournis d'après leur valeur actuelle ; car si on ne tenait pas compte à la partie lésée de la diminution de valeur subie par ces biens, elle éprouverait encore un préjudice puisqu'elle supporterait une perte qui n'aurait eu, dans le passé, pour compensation aucune chance de gain (2). Le défendeur qui fournit le supplément en doit les fruits ou les intérêts du jour de la demande, mais il ne pourra, en aucun cas, profiter du bénéfice.

(1) Vazeille, art. 891, n° 2, enseigne que dans ce cas le supplément doit être fourni en nature. Malleville (sur l'art. 891) décide que dans cette hypothèse le défendeur n'a aucun moyen d'échapper à la rescision.

(2) Demante, III, 236 *bis* ; Chabot, art. 891-3°.

accordé à l'acquéreur et faire à son profit une déduction quelconque. Le caractère du partage s'y oppose.

Il peut arriver qu'il il y ait plusieurs défendeurs à
l'action en partage. Dans ce cas, pour que le supplément de part puisse être offert, faut-il que tous les
défendeurs s'accordent? Le partage rescindé contre
l'un devra-t-il être rescindé contre tous les autres?
M. Démolombe s'appuyant sur l'autorité de Lebrun se
prononce pour l'affirmative (1). Le savant professeur
admet cependant que celui des défendeurs qui aurait seul
intérêt au maintien du partage pourrait arrêter l'action
en rescision en fournissant seul au demandeur le supplément de sa portion héréditaire. Qui donc pourrait
se plaindre? Le demandeur? Mais il est désintéressé.
Les autres défendeurs? Comment auraient-ils qualité
pour demander la rescision? Ils n'ont pas été lésés.

Allons plus loin et disons que si celui des défendeurs
qui a intérêt au maintien du partage ne veut fournir
le supplément que pour sa propre part, il peut empêcher
que la rescision ne soit prononcée contre lui. Et, en effet,
l'indivision pouvant cesser pour l'un sans cesser pour
les autres, pourquoi ne pourrait-elle pas être rétablie
vis-à-vis de quelques-uns sans être rétablie pour tous?
Pourquoi l'un des copartageants serait-il privé du
moyen de conserver son lot parce qu'il plaira à un
autre, par mauvais vouloir peut-être, de ne pas conserver le sien? Nulle part la loi ne considère comme
solidaire ou indivisible la dette du supplément ; son
vœu, c'est surtout le maintien du partage (2). Ainsi le

(1) Demolombe, XVII, 470.
(2) Bertauld, *Quest. pr.*, 576 et suiv.

supplément fourni par les uns entrera dans la masse à partager entre ceux qui préféreront subir un nouveau partage.

Quand il y a plusieurs défendeurs, le supplément de part doit être fourni par chacun dans la proportion de ce dont son lot s'est trouvé augmenté par l'effet de la lésion subie par le demandeur.

Il nous reste, pour terminer, à ajouter deux remarques s'appliquant également au cas de vente et au cas de partage.

La faculté d'éteindre l'action en rescision par l'offre et le fournissement du supplément n'est pas exclusivement attachée à la personne de l'acheteur ou du cohéritier. Leurs créanciers, leur ayant cause et notamment le tiers possesseur jouissent aussi de cette faculté.

Enfin le supplément peut être offert non-seulement pendant l'instance, mais encore après que la rescision a été prononcée par une décision judiciaire même passée en force de chose jugée. L'art. 891 ne dit-il pas que le défendeur peut arrêter le cours de l'action et même *empêcher un nouveau partage*? L'art. 1681 n'autorise-t-il pas aussi l'acquéreur à payer le supplément du juste prix *dans le cas où l'action en rescision est admise*? Décider que le jugément rendu, la réscision est irrévocablement acquise serait enlever la faculté accordée au vendeur et au copartageant par les art. 891 et 1681 au cas où ils auraient cru et soutenu jusqu'à la fin du procès que la lésion n'existait pas (1).

---

(1) Poujol sur 891-4°; Aubry et Rau, § 626, note 31 ; Demolombe, XVII, 459. M. Demante va même jusqu'à enseigner que le droit d'offrir le supplément pourrait durer tant que le nouveau partage ne serait pas consommé, t. III, 236 *bis*, IV ; — *Contra* : Duranton, VII, 583.

POSITIONS.

DROIT ROMAIN.

I. Le *filiusfamilias* peut être restitué contre l'emprunt d'une somme d'argent contracté *jussu patris*.

II. Sous Dioclétien le mineur ne peut invoquer la restitution que dans le cas où il n'a pas de curateur.

III. Les mineurs ont dans tous les cas le choix entre l'action de la tutelle et la restitution.

IV. Le vendeur peut obtenir la rescision de la vente faite à vil prix par l'action *venditi* et non par la restitution.

V. Le donateur n'a pas d'action rescisoire pour faire réduire les donations excédant le taux de la loi Cincia.

VI. Le droit de demander la restitution se prescrit alors même que l'ayant droit ignore la lésion.

DROIT CIVIL FRANÇAIS.

I. L'obligation contractée par le mineur est rescindable pour cause de lésion.

II. L'art. 892 est inapplicable au cas de rescision pour cause de lésion.

III. Toute transaction intervenue avant partage n'est pas nécessairement rescindable.

IV. Les juges peuvent prononcer la rescision d'une vente sans ordonner préalablement une expertise.

V. Pour apprécier la lésion, il faut réunir les différents partages partiels.

VI. Quand l'héritier fait rescinder son acceptation, et qu'il renonce, ses cohéritiers ne peuvent se soustraire aux effets de l'accroissement.

VII. La défense de constituer ou d'augmenter la dot pendant le mariage, art. 1543, s'adresse aux étrangers.

VIII. Le donataire avec charges ne peut être contraint à l'exécution des charges.

IX. Les aliénations consenties par l'héritier apparent ne sont pas valables.

DROIT ADMINISTRATIF.

I. Le jugement prononçant la rescision d'une vente n'est pas soumis au droit proportionnel.

DROIT PÉNAL.

I. L'homicide commis du consentement de la personne homicidée est un meurtre.

II. Lorsqu'il résulte directement ou indirectement du verdict du jury que prévenu acquitté n'est pas l'auteur du crime dont on l'a accusé, la Cour d'assises ne peut pas le condamner à des dommages-intérêts envers celui qui s'est porté partie civile.

DROIT DES GENS.

I. L'Etat qui laisse fournir à l'un des belligérants les matériaux désignés sous le nom de munitions navales, ne viole pas la neutralité.

II. L'agent diplomatique peut renoncer au privilége de l'exception de juridiction en matière civile.

HISTOIRE DU DROIT.

I. Les fiefs ont leur origine dans les bénéfices de l'époque franque.

II. La pragmatique sanction de saint Louis est apocryphe.

Vu par l'Inspecteur général délégué,
GIRAUD.

Vu par le Président de la thèse,
A. DUVERGER.

Permis d'imprimer.
Le Vice-Recteur,
A. MOURIER.

TABLE DES MATIÈRES.

Paris. — E. DONNAUD, Impr. de la Cour Imp. et des trib., rue Cassette, 9.

www.ingramcontent.com/pod-product-compliance
Ingram Content Group UK Ltd.
Pitfield, Milton Keynes, MK11 3LW, UK
UKHW020151130726
13696UKWH00002B/458